档案管理理论研究

孔 旸 何小萍 郭敬蕊◎著

吉林出版集团股份有限公司
全国百佳图书出版单位

图书在版编目（CIP）数据

档案管理理论研究 / 孔旸，何小萍，郭敬蕊著 . -- 长春：吉林出版集团股份有限公司，2022.11
ISBN 978-7-5731-2462-3

Ⅰ. ①档… Ⅱ. ①孔… ②何… ③郭… Ⅲ. ①档案管理 - 理论研究 Ⅳ. ① G271

中国版本图书馆 CIP 数据核字 (2022) 第 216570 号

DANG' AN GUANLI LILUN YANJIU
档案管理理论研究

著　者　孔　旸　何小萍　郭敬蕊
责任编辑　王丽媛
装帧设计　白白古拉其

出　版	吉林出版集团股份有限公司
发　行	吉林出版集团社科图书有限公司
地　址	吉林省长春市南关区福祉大路 5788 号　邮编：130118
印　刷	北京四海锦诚印刷技术有限公司
电　话	0431-81629711（总编办）
抖音号	吉林出版集团社科图书有限公司 37009026326

开　本	787 mm×1092 mm　1 / 16
印　张	10.25
字　数	232 千
版　次	2023 年 5 月第 1 版
印　次	2023 年 5 月第 1 次印刷

书　号	ISBN 978-7-5731-2462-3
定　价	58.00 元

如有印装质量问题，请与市场营销中心联系调换。0431-81629729

◎前 言

　　档案是历史的真实记录，通过档案我们可以了解过去、把握现在、计划未来。在我国的社会发展实践中，档案能够为人们的生活与工作提供重要的信息资源，也能够为维护广大人民的合法权益提供有效的支持。因此，应重视发展档案事业，做好档案管理工作。

　　档案管理工作是用科学的理论和方法管理档案，基本任务是收集齐全、妥善保管、整理加工和开发利用各种门类和载体的档案。档案信息化建设的发展，将导致传统档案工作程序、管理方法等方面发生革命性的变革，档案文化与现代信息技术的高度融合势在必行。在此基础上建立的数字化档案馆，将按信息处理的要求，充分利用现代信息技术，对传统的档案收集，整理流程、方式和方法进行重新构建。档案信息管理不再是传统手工档案的"模拟系统"，而是以现代信息技术为依托，与现代社会、经济和技术环境相适应的创新体系。

　　本书主要对档案管理理论展开讨论，首先从档案管理的基础认知入手，对档案管理工作中的收集与整理进行探讨，分析了档案的著录、标引及检索，探讨了档案的保管与利用，着重介绍了保险档案信息化建设、社保档案数字管理与智慧服务、人事档案及其保管利用、科技档案的管理，最后对大数据环境下的档案管理做了总结，对档案管理理论专业的研究有学习和参考价值，以期帮助档案业务人员在全面掌握档案管理理论与方法的基础上，更好地开展档案管理工作，并有效解决档案管理工作中遇到的实际问题。

　　本书在撰写过程中，参考了档案管理方面的相关著作，也对大量的研究成果进行了参阅、吸收和采纳，由此获得了丰富的研究资源。在此，向这些学者致以诚挚的谢意。由于水平与精力有限，本书难免存在一些不足之处，恳请广大读者批评指正。

目录

第一章　档案管理的认知 ·· 1

　　第一节　档案工作的内涵、作用与规律 ·· 1

　　第二节　档案工作的组织体系与制度建设 ·· 8

　　第三节　档案管理工作的发展趋势 ·· 16

第二章　档案的收集与整理 ·· 20

　　第一节　档案收集与管理 ·· 20

　　第二节　档案室与档案馆的收集 ·· 25

　　第三节　档案的整理 ·· 32

第三章　档案的著录、标引及检索 ··· 42

　　第一节　档案的著录 ·· 42

　　第二节　档案的标引 ·· 43

　　第三节　档案检索语言工具与计算机档案检索系统 ····························· 47

　　第四节　档案检索方法和检索效率 ·· 55

第四章　档案的保管与利用 ·· 58

　　第一节　档案的保管工作 ·· 58

　　第二节　档案的利用 ·· 63

第五章　保险档案信息化建设 ··· 71

　　第一节　保险档案信息化建设概述 ·· 71

　　第二节　保险档案信息化建设的管理 ·· 75

　　第三节　保险档案信息管理应用系统的建设工作 ································· 80

第四节　保险档案面临的问题及对策 …………………………………… 85
第六章　社保档案数字化管理与智慧服务 ……………………………………… 90
  第一节　社保档案数字化管理 …………………………………………… 90
  第二节　社保档案的智慧化服务 ………………………………………… 94
第七章　人事档案及其保管利用 ………………………………………………… 98
  第一节　人事档案的性质及特点 ………………………………………… 98
  第二节　人事档案的类型及形成规律 …………………………………… 103
  第三节　人事档案工作与人员分析 ……………………………………… 111
  第四节　人事档案的保管和利用 ………………………………………… 114
第八章　科技档案的管理 ………………………………………………………… 123
  第一节　科技档案的收集工作 …………………………………………… 123
  第二节　科技档案的整理工作 …………………………………………… 130
第九章　大数据环境下档案管理的创新 ………………………………………… 142
  第一节　大数据环境下的档案信息资源挖掘 …………………………… 142
  第二节　大数据环境下的档案信息服务创新 …………………………… 148

参考文献 …………………………………………………………………………… 157

第一章 档案管理的认知

第一节 档案工作的内涵、作用与规律

随着社会的现代化发展进程不断加快，文明程度不断提高，档案已经渗透到人们生活、学习和工作的方方面面，特别是在医疗、诉讼和科研等领域，档案发挥着重要作用。简而言之，档案对人们生命中的所有活动和行为进行记录。要想让档案的原始性和完整性得到保障，档案管理工作应运而生。这是一项复杂且系统的工作，要对这项工作有一个清晰的认识，首先必须对档案本身有一定了解，然后才能展开档案管理工作。

一、档案的内涵

（一）档案的定义

"档案"一词在明末清初已被使用，当前对档案的定义为国家机构、社会组织或个人在社会活动中直接形成的有价值的各种形式的历史记录。

（二）档案的特点

根据档案的定义，有以下几方面特点。

1. 来源的广泛性

档案是国家机构、社会组织和个人在各项活动中直接形成的，从某个角度来说，人们整个生命活动就是处于信息的生成、利用的循环过程之中。档案对这些信息进行了承载，它伴随着人们生命的开始而开始，并贯穿于人们的整个生命活动。具体来说，档案来源于各种机构和个人，是在他们从事各种活动中产生的。前者包括机关、团体、军队、企事业单位等组织，后者涵盖了家庭、家族和个人。可见，档案的形成主体几乎包含了社会活动

的所有主体，也正是因为这样，所以档案具有来源广泛的特点，同时也使档案内容具有丰富性，档案事务具有社会性。

2. 形成的原始性

这是档案最显著和最重要的特征。原始性是指档案的历史记录性，是档案的本质属性。档案是根据某一原始材料直接转化形成的，不存在事前编纂、事后编写的情况，更不是杂乱无章、随意搜集而来的。众所周知，档案是信息载体的一种，信息还有许多载体，如图书、情报、资料等。虽然信息载体众多，但是却不是所有的都能被视为档案。这是由档案自身的特点决定的。人们的各种实践活动、社会生活都是档案生成的源泉，它客观、直接地记录了活动主体的活动历史，是"第一手资料"，这就决定了档案具有原始性、真实性，也从而使档案具有了证据作用及依据作用。其中情报、图书、资料等是搜集、交流得来的，不是由社会活动直接生成的，属于"第二手资料"，真实性存疑，因而不具有参考价值，不能转化成档案。

3. 形式的多样性

历史是不断发展的，社会也在随之进步。风云变幻之间，档案的形式也经历了多种变化，这种变化主要是因为记录信息的方式和载体发生了变化。从记录信息的方式来看，经历了刀刻、手写、录音、摄影、录像等的变化；从记录信息的载体来看，经历了甲骨、金石、青铜、竹简、缣帛、纸张、磁带、胶片、光盘等的变化。此外，表达方式的变化也决定了档案形式的多样性，如文字、图像、声音等。

4. 生成的条件性

档案在成为档案之前，首先是文件。但并不是所有的文件都可以成为档案，这之间的转化必须有特定的条件支撑才足以完成。首先，要转化成档案的文件必须是已经处理完的，正在处理的文件材料不能算是档案材料，只有当一份文件已经完成了传达和记录的使命，它才具有参考的作用，也才可以转化成档案。其次，文件要转化成档案必须具有保存利用价值。不是所有处理完毕的文件都可以形成档案，必须对其进行筛选。保留其中对今后工作或者科学研究有参考、利用价值的，这样的才可以转化成档案。可见，档案是文件筛选过后留下的精髓。最后，档案必须是整理过后形成的有序的、完整的文件材料，不是杂乱无章的、没有条理的。换句话说，必须将文件材料按照一定的方法有机地进行整理，才能使其成为有意义的档案。

（三）档案资源的种类

资源是指人类生存、发展和享受所需要的一切物质和非物质的要素。档案是人类社会实践活动中形成的历史记录，它客观地记录了人们在政治、经济、科学、技术、文化等各个方面的历史发展过程，因此，档案是人类的记忆，是人类生存、发展所需要的重要资源。随着社会的发展和档案资源数量的不断增多，人们往往会从不同的视角来认识档案资源，这就需要对档案资源加以分类。

在档案资源与其他事物的划分方面，我们依据的主要是档案的本质属性。但这种划分对于档案资源本身而言，显然是不够的，我们还需要依据其他显著特征对档案资源做进一步分类。就档案资源分类而言，目前主要可分为两个层面：首先，是宏观层面的档案资源分类，即档案资源种类的划分；其次，是微观层面的档案资源分类，主要包括档案资源的实体分类和档案资源的信息分类。本小节主要讨论宏观层面档案资源种类的划分。对档案资源种类的划分将有助于我们从宏观上更好地把握各类档案资源的基本属性与主要特征，明确相关档案资源的范围与界限。

目前，档案资源的种类一般可用形成者、形成时间、内容和形式等几种标准进行划分。

1．根据形成者标准划分

根据档案资源的形成者划分，档案资源一般可以分为法人档案资源和自然人档案资源。

（1）法人档案资源

法人档案资源又可分为国家法人档案和其他法人档案。国家法人档案一般称为公务档案；其他法人，即除国家法人以外的法人，包括集体法人、企业法人、事业法人、社团法人、财团法人等，这些社会组织在其活动中也形成着各自的档案。

（2）自然人档案资源

对于带有私人属性的档案，根据档案内容和服务对象的不同，可以将自然人档案资源基本上分为个人档案、家庭档案和家族档案。

个体在社会上生存的过程中，留下的各种证明文件、手稿、日记、书信等，能够从侧面记录并反映时代与历史发展变化的内容载体，都可以被划归为个人档案。

社会成员之间由于存在法律上的收养关系、婚姻关系或者生物学意义上的血缘关系，由此形成的社会组织单位被称为家庭。该组织内部不同成员的社会生活形成的档案，被称为家庭档案。

不同家庭的男性成员，依靠血缘关系维持交往与互动形成的亲属群体结构被称为家族。无论是宗祠还是支脉，凡是由家族成员逐代累积形成的文件，都被统称为家族档案。与家庭档案不同，家族档案至少要包含四代家族成员的材料，而家庭档案最多不超过三代人的材料，这是隶属于家族档案的家庭档案，与家族档案存在的本质差别。

2. 根据形成时间划分

根据档案资源的形成时间划分，档案资源可以分为古代档案资源、近代档案资源和现代档案资源。

（1）古代档案资源

我国的古代档案资源是指1840年以前所形成的全部档案。这些档案形成于不同的载体上，形式极为丰富，有甲骨档案、简牍档案、金文档案、缣帛档案和纸质档案等。由于历史的原因，这部分档案目前保留下来的很少，但古代档案是我国档案财富中的重要组成部分，是研究中国古代历史的珍贵的史料。

（2）近代档案资源

我国的近代档案资源是指1840年至1949年期间形成的全部档案。其中包括清朝后期、北洋政府、国民政府以及日伪期间的机关、军队、企事业单位、各种社团及个人所形成的档案。特别值得指出的是，其中还包括了中华人民共和国成立以前，中国共产党及其所领导的人民政权、军队、企事业单位、社团等所形成的档案，即革命历史档案。近代档案充分反映了我国从一个闭关自守的皇权统治大国逐步沦为半殖民地国家的全过程，记录了帝国主义对我国的血腥侵略和反动统治者对外屈膝求和、对内血腥镇压的罪行；也反映了中国共产党领导中国人民进行艰苦卓绝的斗争，终于推翻反动统治，建立中华人民共和国的光辉历程。

古代档案资源和近代档案资源习惯上也称为"历史档案资源"。

（3）现代档案资源

现代档案资源则是指1949年中华人民共和国成立后所形成的全部档案，其中包括中华人民共和国成立后各种机关、团体、企事业单位以及个人、社群所形成的档案。这部分档案资源是我国档案资源中最完整、数量最多的部分，而且随着时间的推移将会不断地得到补充和增加。

3. 根据形式划分

根据档案资源的形式划分，档案资源可以分为文字类档案资源、图像类档案资源和声音类档案资源。

文字类档案资源是指一切以文字（含数字）为记录方式的档案。它是档案资源中数量最大的组成部分，而无论其载体为甲骨、金属、石料、简牍、缣帛还是纸张、磁带或光盘等。

图像类档案资源是指一切以图像（含影像）为记录方式的档案。它也是档案资源中的重要组成部分，其载体也呈现出多样性的特征。

声音类档案资源是指以声音为记录方式的档案，也是档案资源中的重要组成部分，其载体也具有多样性。

值得注意的是，某些地方将印章、锦旗等事物称为"实物档案"，其在概念上是不准确的，这些印章、锦旗等从本质上而言都应属于文字类档案资源范畴，只是这些档案的载体是石料或缣帛而已。有些以实物状态（非文字、图像和声音）存在的事物，虽然保存在档案部门，其实它们不属于档案。

4. 根据内容划分

根据档案资源的内容划分，档案可以分为普通档案资源和专门档案资源。

（1）普通档案资源。普通档案资源是机关、团体、企事业等单位在行政管理活动中形成的一般档案，以文书类档案为主。我国早期档案资源主要是文书类档案资源。

（2）专门档案资源。社会的发展和科学技术、文化的进步导致了专门档案资源的产生，这类档案资源具有涉及面广、内容丰富、形式各异、记录方式与制成材料多样等特点。专门档案资源是机关、团体、企事业等单位以及某些个人在从事一些特定活动中形成的全部档案，如科技档案、会计档案、人事档案、诉讼档案、教学档案、艺术档案、专利档案、军事档案、审计档案、统计档案、病历档案、个人档案、家庭档案等。

二、档案的一般作用

多样化的社会实践活动是形成档案的重要来源，档案能让许多社会需求得到满足，所以档案拥有广泛的作用。档案价值的具体和外在表现形式便是档案的一般作用。

（一）机关工作的查考凭据

对于机关单位来说，档案是机关开展一系列工作和活动的重要参考依据。档案会真实记载机关、单位在过去一段时间开展的活动和工作，是任何单位查考相关工作的重要凭证。档案可以对机关、企事业单位的重要业务管理和领导工作进行详细、全面记录，对各种咨询资料和证据依据进行提供，有利于机关单位的工作人员和领导更加熟悉单位的工作，对各种问题进行妥善处理和科学决策，进而总结工作经验，将工作计划制订好，最终实现机关单位的有效管理，全面掌握好各种工作材料。如果单单依靠工作人员的主观记忆对各项工作进行处理，而没有任何凭证，那就有可能造成工作的不准确。

（二）科学研究的可靠资料

任何一种研究都必须以广泛地占有资料为基础，以资料的真实可靠性为前提。在科学研究中，档案不但能通过原始的记录提供直接借鉴，而且可以通过分析、概括、总结、实验等手段获得间接参考，由此可见，科学研究必然离不开档案。

（三）宣传教育的生动素材

档案与其他宣传材料比较而言，它的优势主要集中在生动性、原始性、具体性和直观性等方面。在演讲报告、组织展览会、著书立说、文艺创作等活动中运用档案，有利于感染力和说服力的增强。

（四）文化传承的珍贵资料

一般而言，时间和作用范围成正比。档案在形成之初的相当一段时间内，主要是对形成者本身有用，是为形成单位工作和生产活动提供查考利用，档案发挥作用的主要对象是本单位。随着时间推移、社会的不断发展，档案在本单位的现行效用会逐渐降低，档案进入档案馆管理阶段后，利用服务的范围向社会扩展。与此同时，社会各界对这些档案的利用需要日益增强，人们有时候不仅仅需要利用自身的档案，还可能需要借助其他档案的帮助。在这种情况下，档案就逐渐变成了一种隐性财富。

三、档案价值的实现规律

档案价值的实现，有一定的规律，总结而言，具体如下。

（一）作用范围的递增性

档案的第一价值是它在机关单位中发挥的重要作用，第二价值是它在社会发展中发挥的作用。一旦形成了档案，则表示机关、企业、事业等单位很长一段时间开展的工作和活动都具备查考依据，档案形成的自身决定了档案发挥作用的范围和对象。该阶段是档案发挥重要现实作用的时期，拥有非常高的利用频率。国内存在许多档案室都是实现档案第一价值，并为实现档案第二价值奠定基础的重要场所。

当档案的第一价值发挥到一定水准和程度之后，形成档案的机关便会慢慢减轻利用档案的现实需求。如果档案在一个单位保存了许多年，它的作用则不仅仅局限于形成单位的第一价值，而是逐渐向国家和社会层面进行延伸，开始发挥第二价值的作用。

（二）机密程度的递减性

档案的形成与产生与人类社会活动同步，人们有时候开展的一些活动与个人、国家的隐私、利益、安全密切相关，在规定的时间内不能对外公布，所以说档案具有机密性的特征。这个特征也要求必须在规定的时间和范围内对档案进行了解和阅读。而且时间会改变档案的机密程度，一般来说，档案的机密程度和保管时间存在反比关系，档案的机密程度随着时间的推移不断减弱，保管时间越长，机密程度越低。

（三）作用的转移性

档案在不同的领域发挥着不同的作用，当它应用到科学文化领域便将科学文化作用充分发挥出来，当它应用到行政领域便将行政作用充分发挥出来。时间的积累会不断削弱档案的行政作用，同时增强档案的科学文化作用。

从宏观层面的档案领域理论来说，档案同时具备科学文化作用和行政作用。但是从微观层面来说，档案并不同时具备科学文化作用和行政作用。文件是档案的前身，其目的是对现行事务进行处理，在文件向档案转化的初期，档案要将自身具备的行政作用充分发挥出来，为立档单位的业务活动和主要工作提供参考依据、查考凭证，对单位的工作进行指导，提高单位的管理效能。随着单位保管档案的时间延长，档案与单位现行事务之间的关联会逐渐削弱，并且会慢慢改变档案发生作用的对象和范围，逐渐向社会进行转移，从行政作用转变为科学文化作用，为宣传教育工作和科学研究工作的开展提供可靠的资料和丰富的素材。

第二节 档案工作的组织体系与制度建设

档案工作必须在合理、科学的组织体系下才能沿着正确的道路前行。在我国，档案工作的组织体系由档案室、档案馆、档案行政管理部门及其他辅助性机构共同构成。制度建设也是档案工作的重要部分。

一、档案工作的组织体系

（一）档案室

1. 档案室的性质

档案室是各组织（包括机关、团体、学校、工厂、企业、事业单位等）统一保存和管理本单位档案的内部机构，是整个机关的组成部分，属于单位管理和研究咨询性质的专业机构。党、政、军等机关单位的档案室，又是机关的机要部门之一，具有机要部门性质。从全国档案工作来说，档案室又是国家档案工作组织体系中最普遍、最大量、最基层的业务机构，应向各级国家档案馆移交具有长久保存价值的档案。

2. 档案室的地位和作用

（1）档案室是不可缺少的内部组织机构

档案室是机关、团体、企业、事业单位内具有参谋和咨询作用的部门，是机关工作的助手。档案室为机关的领导工作和机关内各部门的工作提供参考和依据的档案材料，为机关的工作和生产活动服务，它是提高机关工作效率和工作质量的必要条件，是维护机关历史面貌的重要机构。

（2）档案室是整个档案工作的基础

档案室是国家全部档案不断补充的源泉，整个国家档案的完整程度和连续积累，首先决定于档案室。在全国档案、工作组织体系中，档案室是档案形成后首先提供利用，大量发挥现实作用的前哨。档案室中具有长久利用价值的档案最终要过渡到档案馆，因此档案室档案工作的好坏直接关系到档案馆档案质量的高低。

3. 档案室的职责

档案室的职责包括以下内容。

（1）贯彻执行有关法律、法规和国家有关方针政策，建立健全本单位的档案工作规章制度。

（2）指导本单位文件、资料的形成、积累和归档工作。

（3）统一管理本单位的档案和相关资料，积极组织提供利用。定期把具有长久保存价值的档案向有关档案馆移交。

（4）监督、指导所属机构的档案工作。

（二）档案馆

1. 档案馆的性质

档案馆属于党和国家的科学文件事业机构，是永久保管档案的基地，是科学研究和各方面工作利用档案史料的中心。

我国多数档案馆是统一保管党组织和政府机关档案的管理部门，所以它既是党的机构，又是国家的机构。根据有关文件的规定，各级档案馆是各级党委和人民政府的科学文化事业机构。

2. 档案馆的主要职责

中央和地方各级国家档案馆，是集中保存、管理档案的文化事业机构，由中央和地方各级档案行政管理部门或者有关部门归口管理，主要职责包括以下内容：收集和接收本馆保管范围内对国家和社会有保存价值的档案。采取各种形式开发档案资源，为社会利用档案资源提供服务。

3. 档案馆的类型

档案馆的类型主要有以下四种。

（1）综合档案馆

综合档案馆是按照行政区划或历史时期设置的管理规定范围内多种门类档案的具有文化事业机构性质的档案馆。这种档案馆是按照行政区划设置的。

（2）专业档案馆

专业档案馆是管理特定范围专业档案的档案馆，它可以按照载体形态设置，也可以按照某一专门领域设置。这种档案馆是按照载体形态设置的。

（3）城市建设档案馆

城市建设档案馆是以城市为单位建立，接收、保存城市范围内于城市规划、建设、维护、管理活动中形成的需要长久保存的档案的科技事业单位。根据国家要求，我国20万以上人口的大、中城市必须建立城市建设档案馆。

（4）部门档案馆

部门档案馆是专业主管部门设置的管理本部门及其直属机构档案的档案馆。

（三）档案行政管理部门

1. 档案行政管理部门的性质

档案行政管理部门是具有政府行政管理职能的档案事业管理机构。档案行政管理部门本身并不直接管理档案，它是监督、指导和检查档案工作的行政机关。

2. 档案行政管理部门的地位和作用

档案行政管理部门是我国档案工作组织体系中的行政系统，是国家档案事业的组织和指挥中心。国家授权各级档案行政管理部门管理国家档案事务，它在整个档案事业发展中起着决策、规划、组织、协调、监督、指导和检查的作用。

3. 档案行政管理部门的基本职责

国家档案行政管理部门主管全国档案事业，对全国的档案事业实行统筹规划、组织协调、统一制度、监督和指导；县级以上地方各级人民政府的档案行政管理部门主管本行政区域内的档案事业，并对本行政区域内机关、团体、企业、事业单位和其他组织的档案工作实行监督和指导；乡、民族乡、镇人民政府应当指定人员负责保管本机关的档案，并对所属单位的档案工作实行监督和指导。

4. 档案行政管理部门的类型

（1）国家档案局

国家档案局是国务院直属的掌管全国档案事务的职能机构。

（2）地方档案局

地方档案局是各省（自治区、直辖市）、市（地区、自治州、盟）、县（区、旗）人民政府直接领导的掌管本行政区划内档案工作事务的职能机构，它在业务上受上级档案局指导。

（3）档案处（科）

中央和地方专业主管机关及军队系统，都设置有档案处、科，负责对本系统各单位档案工作进行监督、指导和检查。它们在业务上受国家档案局统一指导，地方专业主管机关的档案工作，以受地方档案局业务指导为主，同时接受上级专业主管机关的业务指导。

（四）新型档案机构

最近几年，在我国出现了一些新型档案机构，其中较为突出的是文件中心、档案寄存中心、现行文件中心和档案事务所（也称档案咨询中心）。这些机构中，除个别文件中心，一般都属于商业化的档案中介机构。

1. 文件中心

文件中心是一种社会化、集约化和专业化的档案管理机构。文件中心不同于档案室，并不是一个单位内部的档案管理机构，而是介于单位和档案馆之间的一种过渡型的档案管理机构。随着我国档案管理体制的改革，这种类型的档案管理机构将会得到进一步的发展。

2. 档案寄存中心

档案寄存中心是由国家综合档案馆设立的，为各类企业、社会组织及个人提供文件与档案寄存服务的机构。目前设立的档案寄存中心基本上都属于有偿服务性的机构。它主要为不具备充分保管条件的企业单位、破产单位、社会团体、公民个人等，提供文件与档案的寄存服务。档案在寄存中心保存期间，所有权形式不变。档案馆一般只提供安全保管服务。

3. 现行文件中心

现行文件中心是指在档案行政管理机关管理之下，收集、集中行政机构的现行文件，为社会各界查询、了解政府在社会管理事务方面现行政策、规定提供政务信息服务的内部机构。现行文件中心是一种宽泛的称谓，在我国档案界开展现行文件服务的过程中，称呼也各不相同，如现行文件查阅服务中心、文档资料服务中心、文件资料服务中心、现行文件阅览室等。

4. 档案事务所

档案事务所是指提供档案事务服务的一种商业性档案服务机构，是一种独立经营、独立核算、自负盈亏的企业型单位。档案事务所的业务范围，主要是开展档案业务的指导、咨询，以及各种档案的劳务性服务（如技术示范、承揽档案整理、修复、数字化加工、档案文化建设、档案管理软件订制业务等）工作。

（五）档案工作的辅助机构

档案工作的辅助性机构主要有以下几种。

1. 档案专业教育机构

档案专业教育机构是为档案工作培养和输送合格的档案专业人才的机构。这些机构主要有综合性大学内设置的档案学院、系、专业，以及档案中等专业学校和档案行政管理部门设置的档案干部培训中心等。

2. 档案科学技术机构

档案科学技术机构是研究档案学基础理论和档案工作应用科学技术的机构。这些机构主要有档案行政管理部门设置的档案科学研究所、综合性大学设置的档案学研究室，以及中国档案学会及其各省、市的分会等。

3. 档案宣传、出版机构

档案宣传、出版机构是通过各种宣传工具和出版物，宣传档案工作，传播档案知识的机构。这些机构主要有国家档案局的档案出版社，以及各级档案部门创办的档案刊物所属的杂志社等。

二、档案工作的制度建设

（一）制度种类

1. 工作规章

（1）明确文件形成、归档责任

机关、企事业单位在制定有关规章、标准和制度中应提出相应的文件收集、整理和归档的责任要求。

（2）制定档案工作规定

档案工作规定是本单位档案工作的基本要求，其主要内容应包括档案工作原则及管理体制，文件的形成、积累与归档职责要求，档案收集、整理、保管、鉴定、统计、利用要求等。

（3）建立档案工作责任追究制度

对相关岗位人员违反文件收集、归档及档案管理制度，发生档案泄密、造成档案损毁等行为，单位应提出责任追究和处罚措施，并将有关要求纳入相关管理制度。

（4）制定档案管理应急预案

对可能发生的突发事件和自然灾害，应制定档案抢救应急措施，包括组织结构、抢救方法、抢救程序、保障措施和转移地点等。对档案信息化管理软件、操作系统、数据的维护、防灾和恢复，应制定应急预案。

2. 管理制度

管理制度用来明确档案工作业务环节及重要专项工作管理的基本要求，主要包括以下制度。

（1）文件归档制度

应明确文件归档范围及保管期限、归档时间、归档程序、归档质量要求。

（2）档案保管制度

应明确各门类档案保管条件、特殊载体档案保管方式、档案清点检查办理、对受损档案的处置办法、档案进（出）库要求、库房管理要求和库房管理员职责。

（3）档案鉴定销毁制度

应明确鉴定、销毁工作的组织、职责、原则、方法和时间等要求。

（4）档案统计制度

应明确统计内容、统计要求和统计数据分析要求。

（5）档案利用制度

应明确档案提供利用的方式、方法，规定查（借）阅档案的权限和审批手续，提出接待查（借）阅档案的要求。

（6）档案保密制度

应明确档案形成者、档案管理者、档案利用者应承担的保密责任。

（7）电子档案管理制度

应对本单位各信息系统中形成的电子文件提出归档、管理和利用要求。

（8）档案管理系统操作制度

应明确档案管理系统操作人员的职责，档案管理系统软件、硬件的操作要求。

3. 业务规范

业务规范主要用来明确不同门类和载体形式档案管理的基本要求，主要包括以下几种。

（1）文件档案整理规范

应明确文件整理与档案整理原则、整理方法、档号编制要求和档案装具要求等。

（2）档案分类方案

应明确分类原则、依据、类别标识、类目范围等。

（3）文件归档范围和保管期限表

应明确各类文件归档的范围及其相对应的保管期限。

（4）特殊载体档案管理规范

应明确不同载体档案收集、整理的要求和保管条件。

（二）制度建设要求

1. 依法依规

档案工作规章制度制定的依据主要包括国家档案局颁布的档案行政规章，国务院各部委和国家档案局联合颁布的档案行政规章，国家、本市印发的各类业务规范标准，档案行政规范性文件以及其他与档案工作有关的法律法规，任何单位和组织制定的档案工作规章制度都不得与之相抵触。

2. 切合实际

制定档案工作规章制度应以管得住、易操作为原则，不必一味求大求全。就规章制度类别来看，工作规章是一个单位依法开展档案工作的根本依据，其基本要求应当纳入单位的规章制度及考核内容中。而管理制度和业务规范既是工作依据，又指导实际操作，着重解决"做什么"和"怎么做"的问题，应当根据一个单位档案工作的具体情况制定。如收集、整理、归档、保管、利用、安全保密等工作是档案业务的重要环节和要求，关系到档案的完整、系统和安全，有必要通过制度来明确责任和工作流程，作为各部门、处、室共同遵守的行为准则，因此，这些是开展档案工作必须建立的工作制度。又如档案检索、统计、编研等业务工作主要由档案机构专职人员承担，对一个单位其他部门和人员来讲不具有普遍约束力。因此，可根据单位性质、规模等具体情况选择制定或纳入档案工作规定中一并制定。再如特殊载体档案、专门档案等有其管理的特殊要求，应当结合本单位档案分类方案及业务活动实际，分门别类，逐步建立健全，确保不留管理空白。

3. 保持相对稳定

档案工作规章制度具有稳定性特点，尤其是涉及文件和档案整理等方面要求的，如档案分类方案、归档文件材料整理规范等，一旦作为工作制度确立下来，短时间内不要轻易改变，否则容易造成档案分类和文件整理标准前后不一致，给今后档案调阅和查考带来不便。

4. 适时修订完善

随着国家新标准、新规范的出台，以及档案行政规范性文件有效期届满修订等工作的开展，尤其是信息技术的发展和无纸化办公的推进，对电子文件归档管理、电子档案管理、传统载体档案数字化、档案信息安全保密等工作提出了新要求。因此，档案工作制度也必须适应新形势要求，适时调整和补充完善。例如，制定档案管理应急处置预案、档案数字化外包规范、档案托管外包规范等，就是近年来档案安全和保密工作的要求。机关内设机构或工作职能及企业的资本结构或主营业务发生较大变化时，文件材料的归档范围和档案保管期限表应当做相应调整和修订。再如，原本属于系统内部管理规范的某项业务档案管理办法，随着国家管理规范的正式出台，应当及时做相应修订和调整，确保与上述规范保持一致。

第三节 档案管理工作的发展趋势

随着社会的发展及科学技术的进步，档案的来源渠道日益增加，内容也愈加繁杂，因此档案的种类越来越多。不仅如此，档案的载体也发生了更迭，不再仅仅局限于纸质。各行各业对信息越发重视，对档案的要求也逐渐增加。以上种种推动了档案管理工作的发展，使其呈现新的发展趋势。

一、档案管理模式趋向一体化

（一）文档管理的一体化

所谓文档管理的一体化，是以建立在文书和档案工作基础上的全局观，对文件从制发到归档的整个过程进行管理，以求文件和档案管理合二为一。也就是说，将现行文件的产生、归档及档案管理纳入一个管理系统，用统一的工作方法、制度、程序对其进行管理，而不再将文件和档案置于两套不一样的管理系统，这样可以避免不必要的劳动，大大提高管理工作的效率。

技术的实现得益于办公自动化的普及、计算机技术的发展及档案管理网络化的发展，这些为文档管理一体化的实现提供了技术支持。因为办公自动化的普及，人们起草文件可以不在纸张上了，计算机就能快速、便捷地完成传输和办理这些活动，在这些都进行完以后，再考虑对文件进行何种处置，是销毁还是保存，可见，这时的文件与档案之间已经不是那么泾渭分明了。在文档管理一体化的条件之下，人们可以利用系统随时对处理完毕的文档进行归档，而不是像传统的管理模式，需要耗费较长的时间、较多的人力来进行归档整理，这时的文件管理和档案管理处于一个管理系统之下，对不必要的、重复的劳动进行了删减，工作效率自然而然随之提高。

文档一体化系统是实现电子文件全过程管理和前端控制的重要平台。在文档一体化系统中，电子文件的产生、运转、归档管理等都被纳入了控制和管理的范围之内。不仅如此，在整个系统刚刚开始设计的时候，档案人员就已经参与其中，因而整个系统更能够体现文件的档案化管理思想，也更能保证电子文件的真实性和完整性。

（二）图书、情报、档案的一体化管理

一般情况下，我们将图书、情报及档案视为三个不同的个体，它们有各自的特点：图书具有比较系统的知识体系，情报是用来消除不确定性的特定信息，档案是记录人们社会活动的原始信息，虽然特点不同，但是三者可以在功能上互相弥补。尤其是在信息技术飞速发展的今天，三者之间的联系更加紧密，正在逐渐走向一体化管理。图书、情报、档案一体化的管理模式具有突出的优势。首先，可以提高信息的综合度，充分组织和开发利用各类信息资源，满足生产、生活、领导决策和文化传播综合、集成的信息需要。其次，可以优化单位的资源配置，实现资源共享。近年来，许多大型企业在以前图书室、资料室和档案室的基础上进行资源重组，建立了企业信息中心，对图书、情报和档案实施一体化管理，将它们纳入统一的信息管理系统，能够充分利用各类信息资源，实现资源共享。最后，图书、情报、档案的一体化管理适应了社会信息化和数字网络环境对于各类信息综合集成的管理需要和利用需要。在信息网络环境下，图书、情报、档案等各类信息资源将不再是界限分明的孤岛，而是相互渗透、相互连接的信息集成。

如今，科学技术飞速发展，网络技术、计算机技术、通信技术都呈现猛烈的发展势头，因此一体化管理的趋势也越来越明显，这就对档案工作者提出了新的要求，即实现纵向和横向的立体发展。所谓纵向，具体而言是指加深对文件管理理论、方法等的熟悉。所谓横向，是指档案工作者要加强对图书、情报工作相关知识的了解，因为档案与图书、情报之间有着非常紧密的联系，对图书、情报有一定的了解，才能使三者处于一体化的有序管理之中。

二、档案管理手段趋向数字化和网络化

随着科学技术飞速发展，计算机技术的发展也是突飞猛进，开始渗透于社会的方方面

面，档案管理的手段也因此发生了变化，逐渐摆脱了过去的手工管理，开始趋向于数字化和网络化。所谓档案管理的数字化，是指借助计算机技术等现代信息技术，直接生成数字档案信息，或通过数字化技术，将存贮在传统介质上的模拟档案信息转换成数字信息，便于档案信息的网络传输和共享。数字化档案的产生主要有两个渠道。一是在数字网络环境下（尤其是在办公自动化环境下）直接产生大量的电子文件。通过在线或离线方式归档以后转化成电子档案。二是通过馆藏数字化，将原来存贮在纸张、缩微胶片、唱片、录音带、录像带等载体上的档案信息通过数字化处理后转换成数字信息，形成电子档案。数字化档案是实施档案网络化的必要前提。近年来，互联网覆盖的范围越来越广，档案管理网络化已经成了不可逆的趋势。所谓档案管理网络化，是指借助网络这一平台完成对档案信息的接收、传递、整理等工作。可以看到，随着档案管理的数字化和网络化趋势，档案管理工作减少了很多重复的劳动，大大提高了工作效率，也使得人们对档案信息的利用更加方便、高效。

三、纸质档案与电子文件将长期并存

在过去的很长一段时间里，档案管理工作主要针对的都是纸质的档案，整理、总结出的档案的管理方法、管理经验、理论依据等也都是针对纸质档案形成的，毫无疑问，过去一直是将纸质档案视为档案工作的管理对象。但是，随着社会的进步与科学技术的发展，承载信息的载体发生了变化，电子文件开始在档案载体这一格局占据越来越大的一片天地，并且大有将纸质档案取而代之之势。这一切似乎都在显示，终有一天，办公无纸化会变成现实。可是，从很多现实情况来看，这也许并不一定会变成真的。电子文件虽然便捷且利于传输，但是因为它是近年来才发展起来的，所以对于过去的很多信息它并不能完整收录，而且电子文件容易被篡改、毁坏，在真实性方面也逊于纸质档案。再加上长期以来，人们已经习惯了阅读和使用纸张，这一习惯很难改变。上述种种都显示，纸质档案和电子文件会在今后的生活里会长期共存。对于纸质档案，长期经验之下已经有了较为完备的理论、管理方法等，而关于电子文件的管理还需要档案人员进一步摸索、整理、归纳，同时还要协调好纸质档案和电子文件的关系，使二者协调统一。

四、档案馆的公共性和社会化服务将越来越突出

　　档案馆是我国档案工作机构的重要组成部分,是法定的保管国家档案资源的机构。作为一个科学文化事业机关,档案馆肩负着社会化服务的功能,可是在过去很长一段时间内,档案馆的这一功能都没有得到充分的发挥,更多的还是充当着党和政府机要部门的角色。随着我国社会主义事业的建设和发展,政府职能逐渐转型,公共管理这一职能越来越受到重视。在这一举措的推动下,档案馆的社会化服务功能也得到了拓展,更多的公共档案馆开始走入人们的生活中,人们对于档案馆不再陌生,不但对其认识加深,而且也普遍认可。公共档案馆由国家设立,其宗旨是面向社会和所有公民提供全方位的服务,其馆藏主要是国家机构和相关组织在公务活动中形成的公共档案,以及其他反映社会各阶层活动的档案材料。档案馆的服务对象是全体公民,并为利用者提供良好的阅档环境。

　　长期以来,我国各级国家综合性档案馆在馆藏结构和服务对象等方面的定位是以党和政府的机关部门为主,馆藏档案以各级党和政府部门的文书档案居多,而科技档案及记载当地社会团体和公民的档案较少,加上档案馆封闭的服务方式,使档案馆与社会公众之间有一定程度的疏离。因此,只有在改善馆藏机构、丰富馆藏内容、加强档案馆社会化服务功能的基础上,才有可能使我国的各级国家综合性档案馆真正发挥公共档案馆的职能。

第二章 档案的收集与整理

第一节 档案收集与管理

按照档案形成的规律,把分散的材料接收、征集、集中起来,并对收集来的档案分门别类组成有序体系是档案管理中的一项基础工作,这就是档案的收集与整理,通过这两项工作,档案管理人员可以把分散在各机关、部门、个人手中和散失在社会上的档案,集中到机关档案室和国家档案馆进行科学管理,从而建立档案实体的管理秩序,为档案鉴定、保管、检索、利用、编研等工作奠定基础。

一、档案的收集工作

（一）档案收集工作的内容

档案收集是一种按照党和国家的规定,通过例行的方式和制度接收、征集有关档案和文献的活动,这种活动可以将散落在各机关、组织、个人手中的相关档案统一收集到有关的档案室或档案馆,以便实现对相关档案的科学管理。具体来看,档案收集工作涉及以下几方面的内容。

机关单位、事业单位和企业单位的档案室对本单位所要归档的档案的接收。档案馆对辖区内现行的机关单位、事业单位、企业单位和撤销单位的具有长期保存价值的档案的接收。对国家成立之前各个历史时期所形成的档案的接收与征集。

在这里需要注意的是,档案收集工作并非一项简单的事务性工作,而是一项会受国家政策影响,并且具有很强业务性特征的工作。这主要体现在两方面:一方面,档案室和档案馆在收集档案时需要根据国家政策规定,以及档案的特性进行选择;另一方面,档案收集工作受档案形成者的档案意识水平、价值观及档案馆（室）保管条件等多种因素的制约，需要综合研究、统筹规划，提高档案收集工作的质量。

（二）档案收集工作的地位

在整个档案管理工作中，档案收集处于一个十分特殊的地位，这一地位主要体现在以下几方面。首先，档案收集工作是档案馆（室）积累档案的一种重要手段，也是档案馆（室）开展档案工作的业务对象和业务起点。其次，档案收集工作是档案馆（室）对档案进行有组织、有目的、有纪律、有规划的管理的一项具体措施。再次，档案收集工作质量的高低情况，会直接影响档案馆（室）其他工作的开展和实施。最后，档案收集工作是档案馆（室）和外界发生联系的重要环节之一，是以国家相关政策为依据，与社会进行广泛接触，且需要工作人员具有较强的业务能力的工作。

（三）档案收集工作的特点

1. 预见性与计划性

作为人类各种社会活动的伴生物，档案的形成具有很强的分散性特点，即档案是散布于社会各个方面的，档案室和档案馆要进行档案收集，只有对其进行认真调查，科学地分析和预测档案形成、使用、管理的规律和特点，这样才有助于从分散的档案中做好收集工作。

同时，档案馆和档案室在进行档案收集时，还必须充分、全面地了解和把握本馆（室）主要档案用户的利用动向、特点和规律，以便结合档案用户的长远需要收集能为他们所用的档案，真正发挥档案收集的作用，这意味着档案馆和档案室需要提前做好档案收集工作的计划，以便有计划、主动地开展档案收集工作。

2. 完整性与系统性

档案收集的一个重要要求就是收集到的档案必须在种类、内容方面符合齐全、完整的特点，同类档案之间也应能构成一个有机整体，这就使档案收集工作也表现出完整性和系统性的特点。档案收集的完整性和系统性特点要求档案收集工作人员在收集档案时，必须考虑档案当前及未来在生产、生活中能起到的积极作用，以便真正发挥档案收集信息参考的价值。

3. 针对性与及时性

档案收集工作，必须根据各级各类档案馆（室）的收集档案的范围来进行，不能违反国家规定，擅自收集不属于本馆（室）收集工作范围的档案，以保证收集工作能够有目的、有重点地进行。档案收集工作还具有及时性的特点。它要求档案人员必须具有明确的时间意识，将应当接收或征集的档案及时收集进馆（室）。档案部门应当尽最大的努力避免拖延迟误，在掌握有关信息线索的前提下，采取相应的方式，尽快将档案收集起来。

二、档案的管理工作

（一）档案管理工作的内容

一般情况下，档案管理工作的内容主要包括区分全宗、在全宗内建立档案分类、立卷并进行案卷编号、编制案卷目录。而考虑到实际工作中存在状况的差异，具体的档案整理工作内容也会有所差异，从实际情况来看，目前我国的档案管理工作，按其内容范围大致可以分为以下三种情况。

在正规的工作条件下，档案室所接收的文件大多数是由文书部门和业务部门按照本室档案归档工作的要求立好的案卷，而档案馆接收的档案则是根据本馆档案要求整理好移交的案卷。也因为这样，档案室和档案馆的档案管理工作主要是对接收的档案进行更大范围的系统和整理，如全宗和案卷的排列、案卷目录的加工等。

一些已经入馆、入室保管的档案文件，档案室在整理时可能发现其中存在一些不符合本馆、本室档案工作要求的情况，这就需要档案馆和档案室根据本馆、本室档案工作要求对其进行重新加工整理，以提高档案整理的质量。同时，还有一些保存时间较长，档案自身和整理体系已经发生变化的档案，档案室和档案馆也需要对其进行调整。

一些情况下，档案室和档案馆也会接收一些零散的档案文件，这就需要工作人员对其进行全过程的整理和加工，其工作内容与一般档案整理工作内容相同，即区分全宗、在全宗内建立档案分类、立卷并进行案卷编号、编制案卷目录。

在实践中，我国档案室和档案馆对档案的管理主要属于第一种情况，但后两种情况也经常出现。因此，档案工作人员需要熟悉整个档案管理工作的程序，掌握相应的业务能力。

（二）档案管理工作的程序

1. 系统排列和编目

在正常情况下，档案室接收的是文书部门和业务部门按照归档要求组合好的文件材料，而档案馆接收的是各个单位档案室按照进馆规范系统整理的档案。因此，对于档案室和档案馆来讲，档案管理工作只是在更大范围内对接收进来的档案做进一步调整。

档案馆（室）在日常管理工作中，要定期对所藏档案进行检查，发现明显不符合要求、确实影响保管和利用的档案，档案馆（室）有责任对不合理的整理状况进行局部的调整。

2. 全过程整理

档案馆（室）在收集档案过程中，由于种种原因，其中有些档案没有经过系统的整理，处于凌乱状态，这就必须进行全宗划分、组合、排列和编目的全过程整理工作。

（三）档案管理工作的原则

1. 注意保持档案之间的有机联系

可以说，档案整理的任务就是要"自然地"按照档案文件"固有的次序"去排列组合档案文件实体并固定它们相互间的位置，使之保持其内在的、客观的有机联系，形成具有合理有序结构的整体。

档案之所以会对各种类型的、有着不同需求的用户有用，就是因为它记录了一定的人类活动过程。这种活动过程是与各种事物相联系的，因此日后的利用者才会从这一活动过程与自己查考的事物的关系的角度，需要利用这种档案。也就是说，从各种角度、方面对档案的利用要求，实际上是档案所反映的活动过程本身所诱发的，是由这种活动本身的存在而派生出来的。因此，档案分类只能依据形成档案的活动过程本身所具有的运动规律和科学程序来进行，即应以保持文件中与这种过程、规律或程序相吻合的本质有机联系为原则。

在这里需要注意的是，档案之间的有机联系并不是绝对的，而是相对的。在同样类型的活动过程中，事物之间的各种矛盾和联系也是多种多样的。哪种主要，哪种次要，这是随客观条件的变化而变化的，对待文件间的有机联系必须具体问题具体分析，绝不能强求一律，机械地认为保持某种联系最重要，因而僵硬地坚持非采用某种分类方法不可。相反，从实际出发变换我们的方法，力求保持文件间最紧密的联系，才是唯一正确的做法。

2. 充分利用原有的整理基础

档案是历史的产物，在入藏以前，有的可能存有由文件作者或经办人员保管、利用它们的痕迹，有的则可能经过历代档案工作人员的整理。因而在档案整理过程中注意发现上述遗迹并加以利用，即充分利用原基础，也是科学组织档案分类工作的一条原则。

档案中存在的经初步保管、整理的状况或成果，在某些情况下，可能会具有一定的合理成分。如文书处理人员为便于承办和利用，常把同一事件的请示与批复放在一起，造成了档案文件间一种自然的排列次序；而过去的档案人员整理文件时，更是出于当时的某种需要或某种考虑，把具有某种共同特征（问题、作者、时间或形式等）的文件组合在一起。正因如此，应该从实际出发，充分认识并利用原有的基础，以确定档案整理的任务与方式，不轻易打乱重整。就是说，在整理档案之前，应对档案的现状进行调查研究。

首先，如果发现档案已初步经过整理，原基础较好，一般就不必打乱重整。这种原有的基础，按现时的标准衡量，可能在保持有机联系的问题上有这样那样的缺陷。但是整序档案作为实体控制的手段，其目标无非是要使档案按一定的规则或规律排列起来，确定其存放的位置，以便于检索。只要这些档案有规可循，有目可查，一般就应尽量保持其原有的整理体系。

其次，即使原基础很不理想，根本未经整理或必须重整，也应仔细研究存在于档案中的每一丝线索，不轻易打乱破坏文件产生处理过程中形成的自然顺序，或前人的整理成果。也就是说，要注意吸取原基础中的合理成分，即使对某些极简单的保存与清理工作的痕迹，也应注意分析是否有参考价值。只有在全面掌握原基础情况以后，才能拟订切实可行的计划，动手整理或仅仅做局部调整。

3. 便于保管和利用

整理档案时，应充分利用档案原有的基础，积极保持档案之间的有机联系，但在具体的整理实践中，有些文件的联系的保持又容易与档案保管的便利性产生冲突。例如，某次会议产生的文件，有纸质的，也有视频的、音频的，还有可公开的、必须保密的，如果单纯只强调文件之间的有机联系，将它们混合起来进行整理，很显然会对保管的便利性产生不利影响。因此，在整理档案时，如果档案之间的有机联系与档案保管的便利性产生冲突，不能只重视文件联系，还要充分考虑档案保管与利用的便利性。对于不同种类、不同载体、不同机密程度、不同保管价值的档案应根据具体情况具体处理，恰当组合，以便在一定范围内保持档案的最优化联系。

在这里需要注意的是，档案整理必须便于保管和利用，并非通过它就能完全满足从多角度检索档案文件的一切需求。便于保管和利用既是档案整理的出发点，更是整个档案管理工作的出发点。档案整理工作的任务只能是按一种规则排列档案实体使之形成有序结构，从而为档案的更好保管和进一步利用提供必要的基础。至于使档案信息能从多角度检索，满足一切查寻要求，那是智能控制的任务，不能强求由档案的实体整理去完成。否则就只能今天按这一种方法整理，明天又按那一种方法排序，反而使档案实体易于损毁，不便利用。

第二节　档案室与档案馆的收集

一、档案室的收集工作

档案室的收集工作包括接收本单位归档的文件和收集未及时归档的平时文件两个方面的内容。其中，文件归档是档案室收集档案的主渠道，平时文件的收集则是一种补充的形式。

（一）文件归档

各单位在工作活动中产生的文件材料办理完毕后，不得由承办部门或个人分散保存，必须由文书部门或业务部门系统整理，定期移交给本单位档案室集中管理，这就是归档。在我国，归档是党和国家明文规定的一项制度，并且以法律的形式固定下来，这就是通常所说的归档制度。归档制度是档案室收集工作的重要内容和最基础的工作，建立健全归档制度能够确保档案室档案来源的连续性，为国家积累档案财富提供重要保证。

1. 归档范围

归档范围是指办理完毕的档案文件应该归档还是不应该归档的范围。决定文件是否应该归档的因素主要是档案文件本身的保存价值。根据国家档案局所制定的规定，档案文件的归档范围主要分为以下方面。

（1）能反映本机关历史发展情况，以及本机关的主要职能活动，并且对本机关的工作具有利用价值的文件材料。

（2）在机关工作活动中形成的，在维护国家安定、公民权益等方面的凭证性文件材料。

（3）本机关需要执行的上级机关、同级机关的文件材料，以及下级机关报送的重要文件材料。

（4）其他对本机关工作具有参考价值的文件材料。

不属于归档范围的文件材料，主要包括以下几种。

（1）备份的文件材料，如国家相关机关印发的文件，本单位内凡有备份的，均由主管单位负责归档，其余可不必归档。

（2）一般事务性，且没有保存价值的文件材料。

（3）未经会议讨论，未经领导审阅、签发的文件材料。

（4）未成文的草稿，以及经过多次修改的修改稿。

（5）与本机关、单位业务无关的由主管机关和非隶属机关发来的文件材料。

（6）本机关领导兼任其他机关职务期间形成的文件。

（7）一般人民来信。

（8）法律规定的不得归档的文件材料。

总之，确定归档范围的一般原则是：归档文件必须具有一定的保存价值，必须符合各机关文件材料的实际状况。各机关和单位应根据国家的统一规定和要求，确定本机关归档和不归档文件材料的范围。

2. 归档时间

归档时间是指文书处理部门或业务部门将需要归档的文件材料向档案室移交的时间。

机关文书部门或业务部门一般应在文件办理完毕后的第二年上半年，即在次年6月底以前向档案部门移交。

企业在经营管理工作、生产技术管理工作、行政管理工作、党群工作中形成的文件，一般应在办理完毕后的第二年第一季度归档。

某些具有一定专业性的文件可以另行规定合适的归档时间，如会计档案在会计年度终了后，可暂由会计机构保管一年，期满后，应当由会计机构编制移交清册，移交本单位档案机构统一保管；学校档案应当在次学年6月底前归档；磁带、照片及底片、胶片、实物等特殊载体则应在工作结束后及时归档，或和相应内容的纸质载体同步归档等。在这些文件中，科技文件的归档不同，它没有固定的归档时间，主要根据科技文件材料的不同类型和特点、不同的形成规律和利用需求来确定合适的归档时间。一般来说，有定期归档和实时归档两种。定期归档可分为按项目结束时间归档、按子项目结束时间归档、按工作阶段归档、按年度归档四种，实时归档适用于机密性强的科技文件材料和外来材料（外购设备的随机图纸、文字说明，委托外单位设计的文件材料等）。

3. 归档文件的质量要求

检查归档文件的质量工作程序。

（1）归档的文件应齐全、完整，每份文件不缺张少页，并组成保管单位。

（2）遵循文件的形成规律，保持文件之间的有机联系，区分不同价值，便于保管和利用。

（3）卷内文件经过系统整理和编目。

（4）案卷封面填写清楚，案卷标题准确，案卷排列合理，编号无误。

（5）编制了完整的案卷目录和相关的文件。

（6）对已破损的文件应予修整，对字迹模糊或文件载体存在质量隐患的文件应予复制。

（7）归档文件所使用的书写材料、纸张、装订材料等应符合档案保护要求。

（8）在文书档案文件组卷时，一般应将文件按年度分开，不同年度形成的文件一般不可放在一起组卷。但是，跨年度的请示与批复，应放在批复年度立卷，没有批复的，放在请示年立卷。

（9）录音带、录像带、光盘、照片等特殊载体的文件，应同纸质文件进行统一整理、编目，但要分别存放，在案卷目录上要注明互见号，以保持文件间的历史联系，便于查找利用。

（10）绝密文件和绝密电报应该单独立卷（少量普通文电如与绝密文电有密切联系，也随同绝密文电一起立卷）。

（11）对于不同保存价值的文件，应当分开组卷，以便日后向档案馆移交，防止拆卷重组问题的产生。

（二）平时文件的收集

平时文件收集是指档案室在执行归档制度之外对零散文件的收集。

1. "账外"文件的收集

"账外"文件是指未经单位文书部门登记入账，在收、发文登记簿上无"账"可查的文件。"账外"文件主要有：本单位召开的各种会议文件材料；本单位领导人和业务人员外出开会或参观学习考察等活动中获取的文件材料；外单位直接寄发给领导人"亲启"的文件或直接给部门和有关人员的文件材料；本单位内部各种规章制度、统计数字材料等。

2. 专业文件的收集

专业文件是指在各项专业活动中形成的文件和特殊载体的文件材料。档案室在重视对文书档案、科技档案收集的同时，还应重视对各种专业文件的收集；在重视对纸质文件收集的同时，还应健全归档制度，重视对音像等其他载体文件的收集，确保档案室保存的文件门类齐全。

3. 零散文件的收集

零散文件的形成原因主要有两个方面：一是某些单位由于归档制度未建立或归档制度执行不严，致使文件材料分散保存在内部机构、领导人或业务人员手中，特别是未经收发室登记的文件和某些内部文件；二是由于机构调整、人员变动或发生搬迁、灾害等特殊情形，使归档文件不齐全、不完整。

二、档案馆的收集工作

档案馆作为党和国家的文化事业机构，是集中保管党和国家重要档案的基地，是社会各方面利用档案信息资源的中心。因此，它必须以拥有丰富、优质的馆藏档案和资料为基础。做好档案的接收与征集工作是档案馆工作中一项非常重要的内容。

（一）档案馆档案接收的范围

档案馆接收的范围包括：本级各机关、团体及其所属单位具有永久保存价值的档案，省辖市（州、盟）和县级档案馆同时接收长期保存的档案，属于本馆应接收的撤销机关、团体的档案。

（二）档案馆档案收集的要求

为保证接收工作的顺利进行，档案馆在接收档案时，一般应符合档案整理编目规范。档案由有关单位收集齐全，并按规定进行系统整理。档案收集要完整，进馆档案应按全宗整理，保持全宗的完整性。一个全宗范围内文书档案、科技档案、音像档案和实物等各种门类和载体的档案应作为一个整体，统一移交给一个档案馆。档案检索工具要齐全，接收立档单位档案的同时，应将其编制的组织沿革、全宗介绍、案卷目录等有关检索工具，以及与全宗相关的各种资料一并接收。限制利用意见明确，对自形成日期满 30 年仍能对外开放的档案，各有关单位应在移交时提出明确的控制利用意见。政府信息公开部门应对移交档案中涉及政府信息的，书面告知其原有公开属性。清点核对手续，档案移交时，交接双方必须根据移交目录清点核对无误，并在交接文据上签字盖章，一式两份分别由双方单位保存。

（三）档案馆档案收集的要求

1. 现行机关档案的收集

现行机关档案中具有长久保管意义的部分，需要定期向档案馆移交。接收现行机关档案室移交的档案，是各级档案馆的经常任务。

在对现行机关档案的接收时间上，档案馆接收现行机关保管期满的档案时，有逐年接收和分段接收两种办法。逐年接收，就是每年对现行机关保管期满的档案接收一次；分段接收，就是要隔一定时期（如 3 年、5 年）对现行机关保管期满的档案接收一次。一般用后一种办法为宜。

现行机关档案产生和形成的档案文件数量多、完整、系统，并且具有连续性。收集这些档案时需要满足以下几方面的要求。

（1）按规定向档案馆移交的档案，应该收集齐全（与档案有关的资料、立档单位的组织沿革、全宗指南及有关的目录、索引等检索工具，随同档案一并接收），并按全宗作为一个整体归入档案馆，不得随意分散。

（2）进馆的档案必须真实。凡有疑点的档案，都要尽可能加以考证，如果一时难辨清楚，也要存疑，予以证明。

（3）在接收档案过程中，除了履行必要的交接手续以外，在档案进馆前应做好案卷的检查验收，具体可以按照自检、互检、检查小组检查接收的步骤进行。

（4）馆藏档案内容除具有普遍性特点以外，还必须反映本地区的特点，有独到的地方特色。各省（市、自治区）档案馆的馆藏内容，有别于其他省（市、自治区）的鲜明地方色彩。要把带有地方特点的档案，作为接收的重点，以防止档案内容的大量重复。

（5）现行机关移交档案时，必须根据移交目录，同接收档案的有关档案馆一起清点核对，并在交接文据上签字盖章，以便明确交接双方的责任，保证进馆档案的完整齐全。

2. 撤销机关档案的收集

撤销机关是指中华人民共和国成立前后，由于政权变更、体制改革、行政区划调整等原因而被撤销合并的机关、团体、企业、事业单位及其他社会组织。档案馆按国家规定接收这类机关、团体、组织的档案，也是档案馆档案收集的重要任务。

撤销机关档案，具有易分散、整理不系统、存在尚未办理完毕的文件等方面的特征。为此，档案馆在接收撤销机关的档案时，除了应按接收现行机关档案的要求对所接收的档案进行检查外，还应注意以下问题。

第一，机关撤销或合并时，严禁将机关在历史活动中形成的文档予以分散、损毁、丢弃，而应将全部档案进行认真清理、鉴定，并妥善保管，之后按照国家相关规定，将这些档案移交相关档案馆进行管理。

第二，当某机关被撤销，其业务被划归到其他几个机关时，也不能将这个撤销机关原本留存的档案文件予以分散，而应将其视作一个有机整体妥善保管。然后由相关的单位通过协商的方式处理这些档案，当然也可以将其交给某个接管机关代管，或移交相关档案馆。

第三，当某个机关并入另一个机关，或几个机关合并为一个新的机关时，应按机关将其档案分别组成一个个有机整体，然后分别向有关档案馆移交，而不能将这些合并前的机关档案与合并后形成的档案混合在一起。假如接管撤销机关职能的机关，因为工作需要，可以在征得有关档案管理机关同意后，暂时代管撤销机关的档案。代管过程中一定要注意不要将撤销机关的档案与本机关的档案混淆，以便日后能清楚明白地将撤销机关的档案移交有关档案馆。

机关撤销或合并时，假如存在还没有办理完毕的档案文件，应将这些文件转交给继承原机关单位职能的有关机关进行后续档案的处理。

3. 二、三级单位形成档案的收集

各级人民政府的直属工作部门所属的独立分管某一方面工作或从事某项事业的行政管理机关和企事业单位，以及有代表性的二、三级单位形成的档案应向各有关档案馆移交。档案馆在接受这些档案时需要注意以下两方面的问题。

第一，避免不分重点，普遍接收。对二、三级单位形成的档案，档案馆必须择其有代表性的、典型的单位档案予以接收，而不能一味追求数量，采取普遍接收的办法。这就需要档案馆在接收档案前，要先做好调查工作，将本级机关或组织的所有的二、三级单位一一列举出来。在此基础上，按一定条件进行筛选，最后确定入馆单位的名单。

第二，避免不加选择，盲目接收。某些档案馆，为使馆藏数量增加，大量接收二、三级单位的档案，致使馆藏档案质量下降，数量"暴涨"，入馆的这种档案分类混乱，"玉石不分"、重复件增多（如统计报表、劳动及组织人事文件重复严重），给档案馆增加了人员、库房设备等方面的压力，给档案管理（如标准化工作）带来了沉重的负担。

（四）档案馆档案收集的方式

一般而言，档案馆对档案的收集方式主要有两种：逐年接收和定期接收。逐年接收即每年接收一次档案，定期接收就是每隔一定时期（如3年、5年）接收一次。

但是，档案馆对科技档案的收集方式有所不同，实行相关单位主送制和科技档案补送制。

1. 相关单位主送制

对于普通文书档案而言，应按要求将其中具有永久和长期保存价值的所有档案都移交

进馆。科技档案则不采取这种普遍接收进馆的制度，而是实行相关单位主送制，即对不同种类及不同项目的科技档案，按照国家有关规定，分别确定报送单位，主送单位报送档案中的不足部分由其他有关单位补充移交。

2. 科技档案补送制

建立补送制的目的，是为了及时反映进馆档案所涉及的科技、生产项目的发展、变化情况，保持馆藏科技档案的完整性和准确性。例如，进馆档案所反映的基建项目进行重大改建、扩建，产品改型、换代等，在这些情况下，原移交单位要向档案馆补送相关的科技档案。

第三节 档案的整理

使档案实体系统化、有序化的整理工作也可称为档案的整序，它主要是通过分类来进行的。整序的过程就是对档案实体分分合合，将它们分层次组成全宗群、全宗、系列和案卷（或保管单位）并进行排列的过程。

一、区分全宗和全宗群

档案整理首先从区分全宗开始，这不仅因为档案信息的有机关联性首先是在全宗这一层次上体现出来的，而且因为全宗是档案馆对档案进行日常科学管理的基本单位。衡量文件的价值以决定是否选择它们进入档案馆的工作，是以全宗为基础进行的；为档案编目、保管、交接档案，也都要按全宗进行。全宗在馆藏建设和对档案实体施行控制的过程中有举足轻重的地位。

全宗是一个国家机构、社会组织或个人在社会活动中形成的具有有机联系的档案整体。一个全宗反映了一个单位或个人活动的全过程。同时，全宗也是档案馆（室）对档案进行科学管理的基本单位。

（一）确定全宗的构成方式

区分全宗实际上就是将产生于同一活动过程的档案集中在一起，以便使它们与其他各类档案区别开来。科学地确定全宗的构成方式是区分全宗的前提，而全宗的构成方式是指全宗围绕什么样的核心（主体还是客体）形成，因此，确定全宗的构成方式实际上就是在判断全宗范围和界限的基础上，确定全宗是围绕什么中心形成的。

然而，任何人类活动都是主体、客体之间相互作用的复杂过程，站在不同的角度，按不同的标准观察分析，对活动过程和文件据以形成的核心就必然会有不同的理解，得出不同的结论。机关档案室档案之所以应构成主体全宗，就是因为站在现行机关的立场上，必然把由本机关进行的全部活动，看作以本机关主体为中心进行的完整活动过程。但是如果站在更宏观的角度，即站在档案馆的立场上，从全社会的范围观察分析，对此又可能会有不同的认识，而且不同类型的档案馆的服务目标和担负的任务不同，所体现的社会需求和用户整体利益也不同。站在它们各自不同的立场上，分析形成全宗的人类活动过程和全宗本身的构成方式，其结论必然不尽一致。

具体来看，立档单位不是固定不变的，由于社会的发展、事业的进步，常常引起一些机关的增设、撤销或合并，这些发展变化常常给全宗的划分带来一些新的问题，需要在实践中认真对待。这就要求在具体划分时应该研究立档单位的各种变化情况，辨别哪些变化是根本性的，应当产生新的立档单位和全宗；哪些变化是非根本性的，不应成立新的立档单位和全宗。

1. 临时性机构档案的区分全宗

各种临时性机构形成的档案，一般不设立新全宗。因为临时性机构的业务往往属于某机关或若干机关业务范围之内，存在的时间不是很长，形成档案的数量不多。个别的临时性机构，独立性较强，存在时间较长，其档案也可以考虑成立新的全宗。

2. 立档单位变化所导致的区分全宗

在立档单位的政治性质无根本变化的情况下，主要是分析基本职能是否有根本变化。

（1）新建

新建立的机关、企业、事业单位，它们的档案可以构成一个全宗。

（2）独立

某一个单位原属一个立档单位，但后来这个单位被分离出去，负责原立档单位的部分职能。从它独立之后，它所形成的档案就可以构成一个新的全宗。

（3）合并

由两个以上的撤销单位构成一个新的单位，这个新的单位一般与其原单位虽然前后存在一定联系，但在职能上却有明显差异，它们所形成的档案也应构成一个新的全宗。

（4）分开

当一个机关、单位被分割为两个以上的单位，原来的机关、单位在分割之前应构成一个全宗。分割后形成的新机关、单位分别构成不同的全宗。

（5）合属

当两个单位合署办公，但其文件又是分开处理时，它们所形成的档案应分别构成全宗。

（6）从属

当某一个立档单位由于工作的需要，后来变为某一个机关内部的组织机构时，改变之前形成的档案为一个全宗，改变后形成的档案为另一个全宗的一部分。

3. 组织全宗与个人全宗档案的区分

个人全宗与组织全宗中的档案在有些情况下会出现交叉现象，也就是说某些档案既有一定的个人属性，又体现出组织属性，如某个单位领导以个人名义发表的文件。对于这种情况，一般采用以下的处置方式：首先，凡是以组织的名义制发的文件都应归入组织全宗，个人全宗如果有必要，可以保留副本；其次，组织全宗中不保存个人性质的文件，如个人自传、对个人情况的调查文件等；最后，决不允许将具有组织与个人双重性质的档案文件抽出归入个人全宗中。

（二）全宗群及其划分

联系密切的若干全宗的群体，称为全宗群。在我国，全宗的组织常常通过组建"全宗群"来体现和维系全宗之间的联系。各个立档单位的工作活动不是孤立的，而是互有联系的，因此，一定的全宗之间也就有了必然的历史联系，这种具有时间、地区、性质等共同特征的，有密切联系的若干全宗的组合体，称为"全宗群"。具体说，全宗群是指同一时期或地区，在纵向或横向方面具有相同性质的立档单位形成的若干个全宗构成的一个有机群体。组织全宗群的目的在于维护同一类型或专业系统的若干个全宗的不可分散性和保持文件材料在更大范围内的历史联系，便于管理和开发利用。

为了便于保管和利用，应该把互有联系的全宗组织到一起，维护一定类型全宗的不可分散性。全宗群首先按照档案形成的不同时期分为几大部分，如中华人民共和国成立前的档案（革命历史档案、旧政权档案）和中华人民共和国成立后现行机关的档案，然后每一部分再按立档单位的类型和特点，对全宗进行细分。比如，按照立档单位的性质，把档案分成工业交通系统，农林水利系统，财政、金融、商业贸易系统，科学文化、教育、卫生系统等；或者按区域分类，分别组成全宗群。全宗群分类一般应和档案的分库保管相一致，一个或几个性质相近的全宗群应当集中保存在相同的档案库房内。全宗群不是具体对档案进行整理和统计的一个固定的实体单位，而是在档案管理中起指导和组织作用的一种形式和方法。

（三）全宗的编号

各个档案馆都保存有一定数量的全宗，为了便于各项工作的开展，除了要对全宗进行一定的组织外，还应给每个全宗编一个代号，称为全宗号。

全宗号是档号的组成部分，在档案数量、全宗数量增加及检索工作发展的情况下，全宗号对于档案系统化整理、编目、检索有十分重要的作用。

1. 全宗编号规则

第一，对全宗进行编号，要考虑馆藏全宗的特点及管理的方便。根据全宗的类型和数量合理编号。

第二，应为新全宗的编号留有余地，避免因新入馆的全宗打乱整个编号体系。

第三，全宗号应力求简洁、方便实用，不能过于烦琐。

第四，全宗与全宗号之间一一对应，一个全宗只能有唯一一个号码，便于统计和检索。全宗号数应能如实反映馆藏全宗数量和档案出处。

第五，已编好的全宗号不得任意更改，应保持其稳定。即使某一全宗的全部档案都已移出，该全宗号亦不得挪作他用，以免发生混乱。

2. 全宗编号方法

对全宗编号的方法有很多且各不相同，归纳起来主要有序时流水编号法和体系分类编号法两类。序时流水编号法是按全宗进馆时间的先后顺序编号。这种编号方法简单实用，比较客观，适合全宗量不大、全宗类型较单一的档案馆采用。体系分类编号方法是对全宗先进行一定的分类或分组，再编号。这种编号方法逻辑性、系统性强，层次分明，能反映全宗本身的性质和特点，但编制较复杂，其号码不易分辨和记忆。这种编号方法适合馆藏全宗数量大，全宗的时间、地域跨度大，类型复杂的档案馆采用。这两种全宗编号方法各有优缺点，在具体应采用哪种方法来编号时，档案馆应依馆藏全宗的状况而定。

全宗的编号与全宗在库房内的实际排列顺序有时一致，有时不一致。在一些规模较大、馆藏数量较多的档案馆，不一致的情况居多。全宗的排列可按全宗号顺序排列，也可按立档单位的历史时期、性质、所属系统、地区及立档单位名称的音序或笔画排列。在我国，通常按全宗群来排列，即把同一时期、同一系统或相同性质的全宗排列在一起，以保持同类全宗之间的联系。一般来说，全宗的排列方法和次序对全宗的编号无决定性影响，当全宗在库房中的排放根据保管需要有所变动时，并不需要改变全宗号。但全宗号作为查找档案出处的一种手段，若与全宗的实际排列顺序相一致，则有利于迅速找到所需档案。

二、全宗内档案的分类

（一）全宗内档案系列的划分

划分系列在全部档案整理程序中是承上启下的环节。它不仅深化了由区分全宗开始的整序过程，而且为立卷及案卷排列等工作奠定了基础。分类必然是一个由总而细，从一般到个别的逻辑过程，如果不先分系列（或者说如果不事先拟订出全宗内的分类方案和分类规则并使文件据以自然地归类），反而先自下而上盲目地将文件组合堆砌成卷，势必造成各卷文件之间的交叉、重叠、混乱，以至于无法检索利用并使编目和统计难以进行。

划分系列包括选择分类方法、制订分类方案和类分文件等具体内容，它是在区分全宗的基础上进行的。两者的区别在于：区分全宗是站在宏观角度，以整个档案馆已经和将要收藏进馆的档案为受控客体，其目标是保证档案反映同一活动过程的完整性；划分系列则是站在微观角度以某一全宗内的全部档案为受控客体，其目标是改善全宗内文件数量多、内容杂又巨细不分、不便于检索的现状，使之分别归入相互联系、相互制约、层次分明、结构严谨的类别系列中去，从而有可能系统地被利用。

（二）全宗内档案的分类

1. 全宗内档案的分类原则

全宗内档案分类总的原则是要科学、客观、符合逻辑，能反映档案的形成特点和规律。具体分类原则如下。

（1）根据全宗的性质和特点，选择适当的分类标准

能够恰如其分地揭示档案间的内在联系，使整个分类系统具有客观性，组成一个有机的整体，系统反映出立档单位的活动面貌。

（2）类目名称应含义明确，具有系统性，有合理的排列顺序

必要时，对类目所指范围和归类方法应有说明，以保证分类的一致性。

（3）分类层次简明，类目不宜过细、过多

一般来说，类目划分到二级至三级，使之能包容一定数量的案卷。另外，划分类别时应留有伸缩余地，以便随实际需要增加或减少类别。

（4）分类体系的构成应具有逻辑性，遵守逻辑划分规则

一次分类只能使用一个分类标准，子类外延之和正好等于母类外延，子类之间必须界限清晰，不能互相交叉，类目概念应明确。

2. 全宗内档案的分类标准

全宗内档案的分类标准主要有文件的时间、来源、内容、形式四种，每一标准下又有不同的分类方法。

（1）按文件产生的时间分类

按文件产生的时间对全宗内档案进行分类，可用年度分类形成不同年份的档案，也可按立档单位在发展过程中形成的不同时期（或不同阶段）形成不同档案类别。

（2）按文件的来源分类

按文件的来源对全宗内档案进行分类，可按立档单位的内部组织机构形成不同机构的档案，也可按文件的作者形成不同类别的档案，还可按与立档单位有较稳定的来往通信关系形成不同档案类别。

(3) 按文件的内容分类

按文件的内容对全宗内档案进行分类，可按文件内容所说明的问题（事由）分类，也可按文件内容所涉及的实物分类，还可按文件内容所涉及的地理区域分类。

3. 全宗内档案分类方案的编制

全宗内档案分类的表现形式是分类方案，它是用文字或图表形式表示一个全宗内档案分类体系的一种文件。当选用了某种联合分类法以后，就应该编制一份分类方案（又称为分类大纲）。分类方案的编制，应该注意以下几点要求。

(1) 排斥性

分类方案中同级的各类地位相等，内容互相排斥（不能你中有我，我中有你），类的范围必须明确。比如，按问题分类，所设问题各类地位相等，不能相互包括。第一类中设教育类，同位类就不能再设高等教育、中等教育类，因为教育类包括高等教育、中等教育……只能把它们设为属类。同级中设有人事类，就不能再设干部任免类，同样道理，既然设财务类，也就不能再设经费类。

(2) 统一性

在编制分类方案时，首先要确定采用何种分类方法。第一级采用哪种方法，第二级采用哪种方法，都应明确规定、标示清楚。而在同一级分类中，不能同时并列采用两种以上分类标准。比如，第一级分类是采用年度分类，就不能同时并列组织机构或问题名称。如果是采取两种分类法的联合，那么不仅分类的第一级是统一的，第二级也应该是统一的。比如采用年度—组织机构分类法，第一级分类是年度，第二级分类是组织机构。

(3) 伸缩性

档案是社会实践活动的产物，而社会实践活动是丰富多彩的。工作内容时而增加，时而减少，组织机构时而撤销，时而合并，因此，分类方案中的各类，均应留有伸缩的余地来增加或减少类别，以适应客观变化的需要。

为了使分类方案编制科学、实用，在编制分类方案前还应该做好调查研究工作，要查阅有关材料，了解立档单位的业务执掌。对于立档单位的组织章程、办事细则、工作计划与总结都要认真分析研究，从中了解和掌握立档单位的工作性质、职权范围、业务执掌，以便决定采取合适的分类方法；参考本单位原有档案，如果本机关已有旧卷，应该对原有档案分类基础做周密研究并吸取其合理部分，以补充与修正现有档案的分类方案；还应多方征求意见，经机关负责人批准施行。科学而实用分类方案的形成，必须及时征求文书与业务承办人员的意见，集思广益，防止闭门造车。因为他们对文件的内容与成分比较熟悉，尤其是经办人员对事件、问题的处理过程，更有彻底的了解。分类方案实施以后，往往发生文件与分类方案不尽相符的情况，造成分类困难，应该随时交换意见，对分类项目或增或减，清除障碍，交领导人审核批准。

三、立卷和案卷排列

（一）立卷

全宗内档案分类并不以划分系列为其终结点。一个系列内众多的文件决定了必须进一步在其中分类，才能便捷地检索利用某一份文件。这种分类往往是通过立卷实现的。

档案不同于图书，单份文件是零散的、大量的，一般不宜作为独立的保管单位，而且文件之间常有密切的联系，若将有联系的文件随意分开，将会失去其原有价值。所以，人们在整理档案时，将若干互有联系的文件组合成一个有机整体，称"案卷"，将文件编立成案卷的过程称"立卷"或"组卷"。

案卷是密切联系的若干文件的组合体，它是档案基本的保管单位。通常也是统计档案数量和进行检索的基本单位之一。案卷是组成全宗的基本单位。立卷是档案整理工作的重要基础，立卷工作的好坏、案卷质量如何，是衡量档案整理工作水平的重要标志。

立卷工作的内容包括组成案卷单位，拟写案卷标题，卷内文件的排列与编号，填写卷内文件目录与备考表，案卷封面的编目与案卷的装订等工作内容。目前，我国文书档案基本的立卷方法是"六个特征立卷法"，即根据文件在问题、作者、时间、名称、地区和通信者特征六个方面的共同点将文件组合成案卷的方法。比如，把同一个作者的文件组成一卷；把同一个会议的文件组成一卷等。按照文件的六个特征立卷时，一般不单一地采用某个特征组成案卷，而是综合分析文件之间的关系，选择其中最能说明客观情况的几个特征作为组卷的依据。

此外，在实际工作中还有一些其他的立卷方法，如将文件按照"事"或"件"组卷的"立小卷法"及"四分四注意立卷法"等，都具有各自的特点，也是比较适用的立卷方法。

"以件为单位"的立卷方式推行，操作方法是：将归档文件按"件"装订后，按事由结合时间、重要程度等排列（会议文件、统计报表等成套性文件集中排列）；然后，编顺序号，装入档案盒，填写档案盒封面、盒脊及备考表项目。这种立卷方式需要借助计算机系统进行数据登记，才能便于日后的查找利用和管理。

（二）编制卷内文件目录

卷内文件目录是固定立卷成果，揭示卷内文件内容，检索卷内文件的工具，应放在卷文件之首。从性质上分析，编制卷内目录属智能控制范畴。如果用计算机编目，应该先对每份卷内文件进行著录，然后将著录结果按档号排序，以卷为单位打印成书本式目录，即成卷内目录。在手工条件下，这道工序可暂时按传统习惯，包括在立卷过程中，即在案卷编好页码后，于专门印制的表格上，按照排就的顺序，对每份文件逐项著录。按目前的习惯做法其著录项目是：文件责任者、文件题名（或内容摘要）、文件字号、文件日期、文件份数、文件在卷内的页码、备注等。

（三）案卷排列与编号

（1）全宗内档案（或档案馆、档案室接收的案卷），经分类、立卷以后还必须进行系统的排列。全宗内各类的序列，已在分类方案中排定，所以通常所说的案卷排列，就是根据一定的方法，确定每类内案卷的前后次序和排放的位置，保持案卷与案卷之间的联系。案卷排列方法有以下几种。按照案卷所反映的工作上的联系来排列。

（2）按照案卷内容所反映的问题来排列。

（3）按照案卷的起止日期（时间）来排列。

（4）按照案卷的重要程度排列。

（5）按照文件的作者、收发文机关，以及文件内容所涉及的地区排列。

（6）人事档案或监察、信访等按人头立成的案卷，可以按姓氏笔画、汉语拼音字母顺序或四角号码等方法排列。

上述几种排列方法可以单独使用，也可结合使用。对于不同类型、不同保管期限的档案，在案卷排列中应予以区分。

案卷排列完后应按排列次序编上案卷号，固定案卷的排放位置，案卷号作为档号的组成部分可提供案卷的出处。现行单位大多采取一个组织机构的案卷每年编一个顺序号的办法，或整个单位一个年度的全部案卷编一个顺序号。历史档案、撤销单位的档案不再形成新的档案，可把一个全宗内所有的案卷统一编号。

四、编制档号

档号是档案馆（室）在整理和管理档案过程中，以字符形式赋予档案的代码。档号通常包括全宗号、案卷目录号、案卷号、件号、页号，档号主要是表示类别及其相互关系的一组符号。在档案的整理、统计、检索、提供利用，以及库房日常管理等业务活动中都要运用和借助档号。这几种编号，不仅对档案的管理和提供利用有着现实的、制约的作用，而且对于档案工作的规范化和现代化也是不可忽视的一个方面。

具体来看，全宗号一般用四个符号标志，其中，第一个符号用汉语拼音字母标志全宗档案门类，另三位代码用阿拉伯数字标志某一门类全宗顺序号。全宗号一经编定，就不要轻易变动，档案馆内的全宗号应该是固定不变的，即使某一个全宗全部移交出去了，该全宗号在档案馆内仍然保留着。全宗号有三种编法：一是系统编号，如党群、政法、工交、农林、财贸、文教、科技等；二是按立档单位的重要程度编号；三是按进馆档案的先后顺序编号。实践证明，前两种方法对于同时进馆的全宗是适用的，但是有新的全宗进馆，就会被打乱或冲破。第三种方法简便易行，比较实用。

案卷目录号一般采用流水顺序编号法，必要时可在顺序号前加上表示档案保管期限、载体形态等特征的代号。

案卷号是管理档案中最常用的基本代号，是著录案卷目录内每一案卷的流水编号，因此确定案卷号要确定卷内每个案卷的前后次序和排列位置。

件号或页号是文件立卷以后，进行卷内文件的排列，给每份文件以固定的位置，用数字固定文件前后次序的代号。案卷不装订成册时应编制件号，其间不许有空号。

第三章 档案的著录、标引及检索

第一节 档案的著录

　　档案信息组织与检索是对包含在档案中的信息进行描述和揭示，使之有序化和系统化，编制档案检索工具，建立档案信息检索系统，提供档案利用。档案信息组织与检索不同于档案实体管理，它不局限于档案实体整理体系，能够打破全宗的界限，以整个馆藏为对象，提供多途径的检索服务，为档案信息资源的开发和利用奠定基础。

　　档案著录，是对档案内容特征和形式特征进行分析、选择和记录的过程。档案内容特征，是指文件或案卷所论述的主题内容；档案形式特征，是指文件或案卷的时间、数量、责任者、文种、载体等有关内容。揭示档案内容特征和形式特征的记录事项称为著录项目；档案著录的结果，称为条目，它是反映文件（案卷）内容与形式特征的著录项目的组合；由揭示档案特征的条目汇集而成，并按照一定次序编排的条目组合，称为档案目录。在著录项目中，分类号、题名、主题词、文号等特征常被用来选作标目，标目是排列条目顺序的依据及档案检索的媒介，标目的名称决定了条目和目录的名称。

一、著录项目

　　著录项目是揭示档案内容特征和形式特征的记录事项。包括题名与责任说明项、稿本与文种项、密级与保管期限项、时间项、载体形态项、附注与提要项、排检与编号项。内容特征是指从档案正文中直接获取的特征；形式特征是指从档案正文以外获取的特征。档案著录项目共分七项，每项分若干著录单元（小项）。

　　1.题名与责任说明项。题名与责任说明项包括：正题名、并列题名、副题名及说明题名文字、文件编号、责任者、附件等。

2.稿本与文种项。稿本是指文件的文稿、文本、版本的名称，如正本、副本、草稿、定稿、手稿等。文种是指文件种类的名称。

3.密级与保管期限项。密级与保管期限项包括：密级和保管期项目。密级是指文件的机密程度。保管期限是依档案价值划分的保管年限，分永久、长期、短期三种。

4.时间项。时间是指单份文件形成的时间，或者是案卷的卷内文件的起止日期。

5.载体形态项。载体类型标识：如胶片、胶卷、磁带或磁盘等非普通纸质载体。载体形态是指档案载体的物理形态特征，包括数量、统计单位（页、张、卷、米等）、规格（载体的尺寸）等。

6.附注与提要项。附注是指对各著录项目加以说明和补充的项目。提要项用于对档案内容的简介或评述，比如对档案内容的概述、特征简介等。

7.排检与编号项。排检与编号项是档案目录排检和管理业务的注记项，包括：分类号、档号、电子文档号、缩微号、主题词或关键词等。

二、著录用文字和著录信息来源

著录用文字必须规范化。汉字应使用规范化的简化汉字。外文与少数民族文字应依照其文字规则书写。文件编号项、时间项、载体形态项、排检与编号项中的数字应使用阿拉伯数字。图形及符号应照录，无法照录的可改为其他形式的相应内容，并加"[]"号。

著录信息来源于被著录的档案。单份或一组文件著录时主要依据文头、文尾。一个或一组案卷著录时主要依据案卷封面、卷内文件目录、备考表等。被著录档案本身信息不足时，参考其他有关的档案资料。

第二节 档案的标引

档案标引是对文件或案卷的内容进行主题分析，根据检索语言赋予检索标识的过程。档案检索语言主要有分类法和主题法两种。依据分类法给予分类号标识的过程，称为分类标引；依据主题法给予主题词标识的过程称为主题标引。所谓主题，是指档案文献所记载和涉及的具体对象与问题，即档案的中心内容。

一、档案标引程序

成为档案信息存储的关键，标引工作的质量直接影响检索工作的准确率和周全率。档案标引包括主题分析、标识给定和标引审定三个步骤。

（一）主题分析

主题分析，即分析判断档案记录或反映的中心内容，确定被标引档案主题概念的过程。主题分析不当，就无法正确给定标识，从而直接影响档案的检索效率，这就要求必须对档案内容有全面、深入的了解。主题分析的主要内容是主题的类型和构成因素。主题的类型依据档案内容可分为单主题和多主题。

单主题是指一件（卷）档案只表达一个问题。根据主题概念语义性质的不同，单主题中又有单元主题和复合主题之分。单元主题是指用一个单元词即可表达的主题，如《××大学关于住房问题的若干规定》，用"住房"一个单词即可表达其主题。复合主题又称多元主题，是指用若干个单元词组配或直接采用复合词表达的主题，如《××银行调整储蓄利率的公告》一文，需要用"储蓄"和"利率"两个单词组配才能表达其主题。

多主题是指一件（卷）档案表述两个以上的问题。如《××市关于加强市场管理和取缔非法经营的通知》一文，即表达了加强市场管理和取缔非法经营两个主题，应分别予以标引。

主体因素，是指反映文件或案卷所论述的主题中关键性内容，作为对该文件或案卷的检索入口。在标引过程中，将主题划分为这几种主题因素的主要目的在于确定标引的内容。在档案标引中，主体因素必须标出，时间因素一般也需要标出，位置因素作为文件作者时一般不标，作为论述对象时需要标出。

（二）检索标识的给定

检索标识的给定，即"概念转换"，是指把主题分析确定的主题概念转化为规范的检索标识，注记在档案著录条目上的过程。档案标引包括分类标引和主题标引，由于分类语言和主题语言揭示事物的角度不同，其标引的方法和要求也不相同。分类标引从事物的共性出发，按照档案内容反映的职能分工、学科或专业特性，将其归入相应类别，然后依照档案分类表给出相应的分类号；主题标引则要从事物的特性出发，根据主题分析的结果，依照主题词表给出最确切的主题词。

主题词组配标引是指标引档案时，利用主题词表中若干主题词的逻辑组合，表示档案主题或某一复杂概念的过程。组配是检索语言的一种重要功能，起到提高标引的专指度，控制词表的体积，扩大检索途径，适当调整检索范围的作用。主题词组配的一般规则是有以下三方面。首先，组配必须是概念组配，而不是字面组配。组配标引必须采用概念纽带，即词义组配的方法。概念组配反映主题之间的逻辑关系，为标引的准确性提供保证；字面组配虽然有时也能拼凑成匹配概念的情形，但是由于各组配之间毫无联系，往往容易出现虚假组配或错误组配。其次，组配必须选用与主题词关系最密切的或最邻近的主题词进行组配，不能越级组配。最后，不要用泛指的主题词或相互矛盾的主题词进行组配，以保证组配结果清楚、确切，表达一个主题。

（三）标引审定

标引审定就是通过对检索标识质量的审查，将标引结果固定下来，它是标引工作的最后一个环节。标引质量包括标引的客观性、专指性、全面性、一致性和适当标引深度。因此，标引审定的内容包括：主题分析是否准确，包括主题提炼得是否全面，有没有遗漏隐含主题，被标引的主题是否有检索意义等；检索标识是否正确，即检索标识是否专指，标引是否符合标引规则和组配规则；标引深度是否得当，即无标引不足或标引过度的现象；条目格式是否规范，即著录项目、著录符号是否符合档案著录规则；主题标引是否一致，即相同主题前后标引的内容和方法是否相同。

二、档案分类标引与档案归类方法

（一）档案分类标引的基本规则

1. 档案分类标引须依据档案分类原则

以档案的职能特性及其他特性为依据，对档案文件进行周密的主题分析，查明文件所论述的对象属什么类别。

2. 应根据档案分类表及其使用规则

辨明类目的确切含义，不能脱离类目之间的联系和类目注释的限定来孤立地判定类目的含义。

3. 档案分类标引须符合专指性要求

分入最切合档案内容的类目，只有当分类表中无恰当的类目时，才能分入上位类或相关类，并做记录，以保证标引的一致性。

4. 档案分类标引应提供必要的检索途径

为充分发挥档案的作用创造条件。当一份文件或案卷涉及两个以上主题时，可标引一个以上的分类号。

5. 档案分类标引的内容

必须是文件或案卷中比较具体论述了的，有一定参考价值，可以成为检索对象的。

具备了上述条件的不予标引，为标引不足；为具备上述条件而给予标引，则为标引过度。总之应进行适度标引，保证较高的检索效率。

（二）档案归类方法

1. 单主题档案的归类

第一，只记录或阐述一个事物或一个问题，内容比较专一的单主题档案，依其内容的职能性质归类。

第二，从不同的方面来论述同一事物的档案，应按分类表中有关集中与分散的要求，归入相应类目。

第三，论述同一事物的两个以上方面的档案，若论述的方面是属于同一职能、同一类别的，应归入其上位类；若属于不同职能类别的，依档案论述的事物的主要方面归类。

第四，从几种职能工作角度综合论述一个主题的档案，按其主要职能归类。

2. 多主题档案的归类

一份档案论述两个以上主题时，标引时应分析各主题之间的关系，确定给予一个或几个分类号。

(1) 并列关系

三个以下并列主题，应分别给予分类号。如果并列主题超过三个，又属于同一上位类，则归入其所属上位类。

(2) 从属关系

即上下位类关系，一般归入上位类。如果两个具有从属关系主题中重点论述的是较小主题时，则归入下位类。

3. 多因素主题档案的归类

(1) 因果关系

按结果一方归类。

(2) 影响关系

一般按受影响一方归类。

(3) 应用关系

按应用到的主题归类；如果是综合论述一主题在各方面应用的情况，则按被应用的方面归类。

(4) 比较关系

一般按作者所要阐明的主题归类。必要时，也可将被比较的几方分别归类。

第三节　档案检索语言工具与计算机档案检索系统

一、档案检索语言

（一）检索语言的构成

档案的检索原理是要简化查找过程，即将有关档案文件的内容浓缩成档案著录条目，用浏览条目代替浏览档案文件原件。从而缩短查找时间，提高档案查找的效率。检索语言是根据检索的需要而创制的、表达文献主题概念和检索课题概念的人工语言。检索语言由词汇和语法构成，词汇表达主题概念标识，它可以是分类号、主题词或代码，全部标识的总和构成该语言的词典；语法是规定如何创造和运用检索标识以实现有效检索的一整套规则。检索语言主要包括分类检索语言和主题检索语言两类。

（1）单一性。检索语言的功能要求检索词汇的概念必须准确，只允许有唯一的含义，以避免人们使用时产生歧义或多种理解。为此，检索语言必须对词汇进行限定，人为地规定它们的单一含义，为著录标引人员和利用者提供共同的依据。这就是检索语言的规范化。

（2）专业性。专业性是指检索语言的词汇及编排方法要符合档案的特点，便于档案工作人员在档案标引和查找时使用。

（3）特指性。特指性要求检索语言在表达一定信息主题时所使用的词汇有较强的区分事物的性质和明细程度的能力，以便于检索标识的相符性比较。

（二）检索语言的作用

第一，将自然语言转化为规范的检索标识。在检索的存储和查检过程中，一个共同的步骤就是要进行概念转换。这是因为在日常交流中，一个概念可以使用几个不同的词语表达，而每个词语也并非只能表达一种含义。如果把这些多义性的概念引入检索系统，势必产生误检或漏检，因此著录人员必须以规范化的检索标识表示档案的主题，利用者也须使用规范化的检索标识来表达自己的查找意图，这样，检索的匹配才有保障。

第二，明确检索标识之间的逻辑关系。在标引和查检的过程中。经常会遇到几个意思相近的检索标识，检索语言进一步提示各检索标识之间的逻辑关系，便于准确地把握其含义。例如分类语言通过等级关系明确类目的范围；主题语言则通过参照系统指示概念的含义，从而提高了检索语言使用的准确性。

第三，为检索标识系统化排列提供依据。档案检索工具之所以具有快速查找的功能，就在于检索条目是按照一定的顺序组织起来的，而决定其排序的依据就是检索标识。因此，检索语言对检索标识均采用一定方法进行排列，固定标识的位置，实现标识的有序化。如分类语言采用系统排列法，主题语言采用于顺排列法等。目前我国编制的档案检索语言有《中国档案分类法》和《中国档案主题词表》等。

二、档案检索工具的编制

（一）馆藏性检索工具的编制

1. 卷内文件目录

卷内文件目录是以案卷为单位，系统登录卷内文件的题名及其他特征并固定其排列顺序的检索工具。卷内文件登录的内容一般包括：顺序号、文号、责任者、题名、日期、页号、备注。卷内文件目录能够固定文件在案卷中的具体位置，巩固档案实体系统整理的成果，而且能够反映卷内文件的基本情况，是检索具体档案文件的重要工具。

2. 案卷目录

案卷目录是在档案实体整理过程中，对案卷进行排列与编号以后，将案卷号、案卷题名及其他特征进行系统登记的检索工具。案卷目录表是案卷目录的主体，案卷目录表的基本项目包括：案卷号、案卷标题、案卷起止日期、卷内文件页数、保管期限和备注等。案卷目录的主要作用是：固定全宗内档案分类体系和案卷排列次序，反映和巩固档案整理工作成果；揭示全宗内档案内容与成分，是查找、利用档案的基本检索工具；是案卷清册和总账，便于档案的统计和安全保管。

3. 案卷文件目录（全引目录）

案卷文件目录，是以全宗为单位，将案卷目录与卷内文件目录相结合按一定次序编排而成的一种档案目录。它既能够揭示全宗内的案卷信息，也能够全面反映每一案卷内的文件信息，兼有案卷目录和卷内文件目录的双重功能，所以又称为全引目录。编制案卷文件目录的方法：将案卷目录和卷内文件目录依次打印、复印剪贴后装订成册或者利用计算机技术进行编辑整合。

（二）查检性检索工具的编制

1. 分类目录

档案分类目录是按档案分类法组织起来的，揭示全部（或主要部分）馆藏内容与成分的一种综合性检索工具。它打破了全宗的界限，不受档案实体整理体系的束缚，提供从档案内容入手检索档案的途径，是档案工作人员从事业务工作和利用者查找档案的不可缺少的工具。分类目录还可作为一种基本检索工具，派生出各种专题目录、重要文件目录等，向外报道馆藏，满足利用者的特定需求。分类目录的编制包括条目的排列、参照卡和导卡的设置、字顺类目索引的编制。

(1) 条目的排列

将已经著录的条目按分类号的顺序排列起来，对同一类号的条目再按时间顺序、题名、责任者字顺等其他特征排列。

(2) 参照卡

用于揭示类目间的相互关系，指引利用者准确找到所需的档案。导卡也称指引卡。是一种上端有耳状突出的卡片，用于揭示分类目录的结构及其逻辑体系，指导人们在目录内迅速准确地查到所需的档案卡片。一般可在每一类前放一张概括本类内容的导卡，在耳状突出处标明类号及类目名称，其下注明该类直接下位类类号及类目名称。

(3) 字顺类目索引

将分类目录的类目按字顺排列起来，提供从字顺主题入手查找档案的途径，提高分类目录的利用效率。其编制方法如下：①对类名进行规范化处理，将之转化为标题形式；②补充分类表中未列的概念，如类名同义词、表中未收的新学科、新事物或其他重要概念等；③编制索引款目，对两个以上主题的类目分别编制款目；④对某些款目词实行轮排，使同族概念集中，并提供多条检索途径；⑤将所有的索引款目按字顺排列。

2. 主题目录

档案主题目录是根据档案主题法的原理，按档案主题词的字顺组织起来的目录。主题目录不受全宗和分类体系的限制，直接从事物出发按字顺查找所需档案，灵活性强，便于进行特性检索，但系统性不如分类目录。其编制步骤包括：标题形式的选择、主标题与副标题的确定、著录卡片按字顺排列、参照卡的设置。

3. 专题目录

档案专题目录是集中揭示有关某一个专题档案内容的检索工具。它不受全宗的限制，有利于在全馆范围内按照专题查找档案，对于科学研究及解决专门问题有很大帮助。其编制步骤包括：选题、选材、著录、排列。

4. 人名索引

人名索引是揭示档案中所涉及的人物并指明其出处的一种检索工具，可分为综合性人名索引和专题性人名索引两种。综合性人名索引是将馆藏档案中涉及的全部人名编制成索引；专题性人名索引是按某一专题范围编制人名索引，即选择若干比较常用的专题来编制人名索引。一般来说，专题性人名索引利用率较高，且编制工作量不大，对一般档案部门都是适宜的，可以满足大多数从人名入手查找档案的利用要求；而综合性人名索引编制工作量大，且并非档案中涉及的任何人名都有检索意义，所以，往往只用于人事档案、诉讼档案等，对普通档案不太适宜。

在编制人名索引时，应对一人多名的情况加以处理，在一个人的真实姓名、字号、别名、笔名、艺名等之间建立参照，将同一人的档案材料集中一处，避免漏检、误检。

人名索引分人名和档号两部分，将人名引向所在档案的档号，即可查到记载某一人物的各种档案材料。人名索引可按人名字顺排列，有笔画笔形法、音序法等。

5. 地名索引

地名索引是揭示档案中所涉及的地名并指明其出处的一种检索工具。地名索引可以为从地区角度入手查找档案的利用者提供档案线索。尤其是对利用档案编史修志者十分有用。地名索引比较适用于涉及地区范围较广的地质档案、农业档案、气象档案、测绘档案等。

在编制地名索引时，应弄清楚各地区在行政区划、名称等方面的沿革，在原用名和现用名之间建立参照，将同一地区的档案材料集中一处。

地名索引包括地名和档号两部分，必要时应加上注释，将地名引向所在档案的档号，即可查到记载该地区情况的各种档案材料。

（三）介绍性检索工具的编制

1. 全宗指南

全宗指南是对一个全宗的档案的形成历史、内容范围、成分、数量等各个方面以文章叙述的形式所做的全面介绍。可分为组织全宗指南、个人全宗指南、联合全宗指南等，其中，组织全宗指南占绝大多数。

全宗指南的结构：由立档单位和全宗历史概况、全宗内档案情况简介、全宗内档案内容和成分介绍、辅助工具等组成。

立档单位和全宗历史概况。包括全宗构成者名称、时间、主要职能、隶属关系、全宗构成者主要负责人名录、内部机构设置及其各历史阶段演变情况等内容。

全宗内档案情况简介。包括全宗内档案的数量及保管期限、档案的完整程度、档案的利用价值及鉴定情况、检索工具的配置情况、档案的整理情况。

全宗内档案内容和成分介绍。文章叙述的形式，按全宗内档案的实际分类体系结合问题介绍。主要介绍档案来源（责任者）、内容、形式（种类、制成材料等）、形成时间、可靠程度、查考价值等。这是全宗指南的主体部分。可以采用详简结合的方法，根据全宗内档案的重要程度和实际需要进行介绍。

辅助工具。包括目次、机关简称表、人名索引、地名索引等。

2. 档案馆指南

档案馆指南是对一个档案馆的概况及其全部馆藏以文章叙述方式所做的概略介绍。它是档案馆对其收藏和服务情况进行宣传和报道的重要工具。

详细的档案馆指南包括序言、档案馆概况、馆藏档案情况介绍、馆藏资料介绍、索引、附录等组成部分。

3. 专题指南

专题指南是以文章叙述的方式，按一定专题对档案机构收藏的有关该专题的全部档案材料所做的综合介绍。专题指南在选题选材上与专题目录相同，在档案内容成分的介绍方式上类似全宗指南。专题指南一般由序言、目次、档案材料内容简介、索引、附录等部分组成。

档案馆（室）应建立科学合理的档案检索工具体系，达到如下基本要求：具有一定数量功能不同的检索工具、检索工具与利用需求相适应、正确处理各种检索工具的联系与分工、在检索工具的编制中应推行标准化。

三、计算机档案检索系统

计算机档案检索系统是以电子计算机作为检索设备，将档案信息以二进制代码的形式记录在磁性载体上，由计算机检索软件进行控制，对输入的档案信息自动进行存储、加工、检索、输出、统计等操作的一种信息检索系统。计算机检索系统与手工检索系统相比，检索速度快、存储量大、检索途径多、检索效率高。

（一）计算机档案检索系统的类型

1. 按数据库的性质

分为目录检索系统、事实与数值检索系统、全文检索系统。目录检索系统存储的是经过加工的档案目录信息，检索结果是符合检索要求的档案线索。目录信息检索系统目前在档案计算机检索系统中占绝大多数，它是发展最早、应用最广泛的检索系统。

事实与数值信息检索系统存储的是档案中所包含的各种事实或数据，它对档案材料进行了更高层次的情报加工，输出的检索结果为用户可直接利用的事实和数据。这种检索系统有逐渐增多的趋势。

全文检索系统存储的是机读化的档案全文信息，通过这种检索系统可以检索档案原文中的任何一个字、句、段、节等，也可直接输出档案全文。

2. 按检索方式

分为脱机检索系统、联机检索系统。脱机检索系统是将用户的检索提问集中起来，由系统操作人员统一输入，统一查找，再把检索结果打印出来分发给用户。这种检索系统的用户不能直接参与检索过程，需要较长时间才能获得检索结果，适于那些不须立即获得结果但要求较高检全率的检索要求。

联机检索系统是以人机对话的方式，通过计算机终端和通信线路由检索人员直接对档案数据库进行检索。用户可以随时查找所需的档案信息，并能马上获得检索结果，还可随时修改检索提问，直到获得满意的结果为止。

3. 按服务方式

分为定题检索系统和追溯检索系统。定题检索系统是将用户提出的检索要求编成逻辑提问式输入到计算机里，组成提问文件存储在磁盘上，每隔一定时间对数据库中新收入的档案信息进行检索，并按一定的格式打印输出给用户。定题检索服务一般是以脱机方式进行的。

追溯检索系统是根据用户的检索要求，对数据库中积累的档案材料进行专题检索，可以普查若干年内与检索课题有关的所有材料，其检索可追溯到档案数据库所能提供的年代。

4. 按检索语言

分为受控语言检索系统和自然语言检索系统。受控语言检索系统是采用分类表、词表等规范化的检索语言对标引和检索所用的词汇进行控制，检索时须通过分类表、词表将标引用语和检索用语进行相符性比较。

自然语言检索系统是直接采用自然语言存储检索档案信息，能够方便标引和检索，但要以计算机检索技术的高度发展为前提。

（二）计算机档案信息检索系统的构成

计算机档案信息检索系统由档案数据库、计算机硬件、计算机软件三大部分构成。

（1）档案数据库

将一系列档案文献条目用二进制代码的形式，记录在磁带、磁盘或光盘上，以便让计算机"阅读"理解和运算，其内容与普通的检索工具基本一致，但为了便于计算机判断和处理，在条目中增加了指示符、分隔符、结束符等标志，并记明了各个著录项目，以及整个条目的长度与地址。有时，为了提高检索效率，计算机还须对目录数据库做进一步加工，排成各种索引文档。一个计算机检索系统包含若干种文档。

（2）计算机硬件

计算机及外部设备，它是进行信息存储、运算、输入、输出的实体。计算机的选型应根据馆藏量、系统规模及检索功能的要求来决定。

在配置硬件时应考虑各种设备的兼容性、处理速度与处理能力、可靠性与适应性等，既要考虑目前的需要，又要着眼于将来的发展。

（3）计算机软件

控制计算机各种作业的一系列指令，没有这些指令，计算机就不能运行。目前市场上出售的软件较多，先要配齐有关的系统软件，应用软件可以购买，也可以自己研制开发。由于档案种类的多样性，内容的复杂性，以及档案管理、利用的特殊性，要求档案检索系统的软件开发须从档案的特点及档案工作实际出发，进行系统分析和设计，不能完全搬用情报检索系统的软件。应加强档案通用软件的开发，既可节省人力、物力、财力，又能帮助那些缺乏技术条件的单位尽早开展计算机检索工作。

第四节　档案检索方法和检索效率

　　档案检索方法可借鉴情报检索的一般方法和技术。档案检索效率可用五个方面来衡量：全、准、快、便、省。其中，检全率和检准率是评价检索效率最常用的两个指标。

一、档案检索方法和技术

（一）档案检索方法

1. 加权检索

　　所谓加权检索，就是在检索时，给每个检索词一个表示其重要程度的数值（即所谓"权"），对含有这些检索词的档案进行加权计算，其和在规定的数值（阈值）之上者作为检索结果输出。权值的大小可以表示被检出档案的切题程度。加权检索可对检出档案材料进行相关性排序输出，也可根据检准率的要求进行灵活的分等级输出，输出时按权值大小排列，只打印权值超过阈值的相关文献。

　　检索词的权值是按照提问者的需要给的。若指定权值大于或等于 90 的为命中文献（90 为阈值），则只有有关档案材料被打印输出。

2. 截词检索

　　所谓截词检索，就是用截词符对检索词进行截断，让计算机按照检索词的部分片段同索引词进行对比，以提供族性检索的功能。截词检索主要用于西文文献的检索中。

　　截词检索可采用右截断（前方一致）、左截断（后方一致）、左右同时截断（中间一致）三种方法。

①前方一致

　　对检索词的词尾部分截断，右截断在计算机检索中广泛应用，这种方法可以省去键入各种词尾有变化的检索词的麻烦，有助于提高检全率。

②后方一致

把截断符号放在字根的左边。

③中间一致

将字根左右词头、词尾部分同时截断，左右同时截断的方法，在检索较广泛的课题材料是比较有用，可获得较高的检全率。

3. 限定检索

限定检索主要采用字段检索方式，即将检索限制在某一特定的字段范围内，以提高检准率。除此之外，还可对文献类型、作者、国别、出版年、数据库更新时间等字段进行限定。

（二）档案检索技术

1. 全文检索技术

档案全文检索，又称档案原文存储与检索，是借助于光盘存储器与缩微设备联机实现的一种档案检索方式。

全文检索系统采用自然检索语言，大大提高了检准率和系统的易用性，但却导致检全率的降低，而后控词表是解决此问题的有效途径。后控词表综合了自然语言和常规的受控语言的长处，对于提高全文检索系统的检索效率有着非常重要的作用。

2. 多媒体存储与检索技术

多媒体存储与检索技术是指将文本、数值、图形、图像、声音等多种类型的档案信息进行综合处理的技术。迄今为止，已有不少多媒体档案检索系统问世。

实际上，目前的多媒体系统大多数是将图与声压缩后当成一个文件甚至一个记录存储到计算机中，使用时即可与文本信息一样地使用，并且借助于附加在图形或声音旁的标引信息（如现在的图像信息常附有一个关键词）来实现对图形与声音的检索。而对图和声的直接检索则是今后发展的方向。

多媒体存储与检索技术能够使用户方便、直观、迅速地获得全方位的档案信息，保证了档案信息的完整性与准确性。本地区、本部门举行的重大活动，召开的重要会议等实况录像、录音均可录入计算机以供随时调用，体现了档案的原始记录性。

3. 智能检索技术

档案智能检索技术是应用人工智能技术模拟档案检索的过程，实现档案信息的存储、检索和推理的一种先进的档案检索技术。这种智能检索系统可以部分实现自然语言检索，提高检全率和检准率，代表了档案检索系统的发展方向。

二、档案检索效率

档案检索效率是评价一个检索系统的重要指标，主要用检全率和检准率来衡量。检全率是在一次检索中检出的与课题相关的命中记录数与系统中与该课题有关的全部记录数的比例，检准率是检出的与课题相关的命中记录数与检出的所有记录数之比。与检全率和检准率相关的是漏检率和误检率。如果用 a、b、c、d 分别表示检准的档案、误检的档案、漏检的档案和无关的档案，那么检全率、漏检率、检准率、误检率的计算公式如下：

检全率 $=a/(a+c)\times 100\%$

漏检率 $=c/(a+c)\times 100\%$

检准率 $=a/(a+b)\times 100\%$

误检率 $=b/(a+b)\times 100\%$

档案检索系统应保持较高的检全率和检准率。但需要指出的是，检全率与检准率之间存在相互制约的关系，提高检全率往往会使检准率下降，提高检准率又会使检全率下降。因此，应根据检索目的，选择检全率与检准率之间的一个最优比。

第四章 档案的保管与利用

第一节 档案的保管工作

一、档案保管设施的建设

档案保管工作的一个突出特点是它必须借助一定的设施条件的支撑方能进行。档案保管的设施条件大体有以下几种。

1.库房。库房即存放档案的空间场所（建筑物）。

2.装具。档案装具是指用以存放档案的柜、架、箱等基本设备。档案装具是保管文书档案必需的基本设备。档案柜、档案箱、档案架一般为金属制品、木制品和复合材料制品。档案装具种类较多，各有所长，应按库房特点、档案价值以及规格的不同，合理使用，灵活配置。箱柜是封闭式的，便于分类封存，如档案柜、胶片柜、磁带箱、卡片箱等。架子是敞开式的，有单柱架、双柱固定架和各类密集架之分，架子便于开放陈列，方便查找，箱柜利于对档案的保护。一般可将永久性档案、长期性档案和不常用的档案用箱柜保存，短期保存和经常使用的档案用架子陈列。

3.设备。档案保管的设备一般是指那些具有固定资产性质的机械、器具、仪器、仪表等技术设备，而不包括库房、装具、卷皮、卷盒、药品等在内。

4.卷皮、卷盒。卷皮、卷盒是指用于直接存放和保护档案的纸质或其他质地的包装物。

5.消耗品。消耗品是指用于保管工作的低值易耗品。档案馆（室）应当根据自身工作的切实需要和现实的经济实力，本着实事求是的态度和有效、实用、合理、节俭的原则，提高档案保护工作的物质条件水平。

二、档案的防护技术

档案的保管工作，是指根据档案的成分和状况，采取科学安全的存放和防护措施的一项专门性工作。它在整个档案管理业务工作中有着相对独立的地位，技术性较强。

档案的防护技术，主要包括防潮、防虫、防火、防磁、防褪色和各种修复手段。

1.防潮。档案制成材料绝大部分为纸张，潮湿对档案的危害是，加速纸张中纤维素的水解，使纸的强度下降，耐久性遭到破坏，使耐久性差的字迹褪色；促进虫、霉生长及繁殖，加剧空气中有害气体、灰尘等对档案制成材料的损坏作用。所以要延长档案的使用寿命，必须注意档案材料的防潮。防潮要注意两个方面：一是选好库址；二是库内的防潮设施和技术。这里主要讲一下库内的防潮问题。做好库内的防潮工作，首先，要搞好库房通风。档案架排列要有利于通风。通风的方式可以采取自然通风或机械通风。其次，要注意库房内温湿度的调节。由于我国地域辽阔，南北气候差异较大，所以库房内的温湿度的调节也应根据所处的地理环境采取不同的措施。我国北方冬季较长，气候寒冷，档案库房内的温度往往过低。北方气候干燥，长年湿度过低。低温、低湿都不利于档案的保护，这就需要采取必要措施，为温度过低的库房升温，增加库内的湿度。我国南方的广大地区夏季温度过高，雨季时间较长，降雨量较多，档案库房较长时间处在高温、高湿的不利条件之下，有时虽然温度不高，但阴雨连绵，湿度仍然较大。为了有效地保护档案，就必须采取一系列措施，降低库房内温度和湿度。减湿的方法较多：一是利用空气去湿机去湿；二是利用固体吸湿剂，比如硅胶、氯化钙等都可达到去湿的目的。

2.防虫。由于档案库房中具备有害昆虫生长的条件〔比如木制档案架（柜）、纸张、字迹、胶水、糨糊等〕，水分、温度、光等也是害虫生长的温床，所以，为了防止害虫对档案文件的破坏，必须尽量营造不利害虫生长的环境。为此，要做好预防工作。预防就是要查害虫进入库房的通道，并加以堵塞。发现害虫就应及时消灭。要经常保持库内外清洁卫生，防止害虫的生长和繁殖。在库房内安放一些驱虫药物（如樟脑、卫生球等），将库房内温度控制或调节在不利于虫类生存的范围。发现虫害，必须采取有效的根治措施，制止其蔓延，并防止酿成大害。除治档案害虫的方法较多，如化学药物熏蒸法、高温杀虫法、低温降冷杀虫法、射线辐照法等。由于受技术、资金等条件的限制，目前使用较多的仍是化学药物熏蒸法。

3.防光。光是引起纸张老化的重要因素之一，其中紫外线危害最大，因为紫外线具备使各种有机物质发生化学变化而遭到破坏的能量。实验证明，光对纸张中的纤维具有一定的破坏作用。纸张纤维经阳光照射，其机械强度会比原来降低。尤其在缺氧的情况下，光对纸张中纤维素有较大的破坏性。在光的作用下，一些含木质素较多的新闻纸容易因氧化而变黄、发脆和机械强度下降。光还会使耐光较差的字迹材料发生不同程度的褪色。防光的主要措施有：首先，为防止阳光直线照射到档案文件上，要求库房门小一点，窗户少一点，窗户要采取遮光措施，以阳光不能照射到档案架为宜；其次，天然采光的档案库及其他业务技术用房，应选用防紫外线玻璃；最后库内人工照明宜选用乳白色灯泡或灯罩的白炽灯，即普通的钨丝灯。如果选择采用日光灯，应有过滤紫外线措施，因为日光灯的紫外线比白炽灯强。

4.防有害气体和防尘。环境污染是一个社会问题，应采取有效措施防止有害气体和灰尘对档案材料的危害。目前已知对档案制成材料构成危害的有害气体主要有二氧化硫、二氧化氮、氯气等。这几种有害气体与水作用后产生酸。因此，档案在长期保存中会由于有害气体的作用而使纸张的酸度增加，造成档案纸张老化，字迹褪色。灰尘来源于自然界和人类生产、生活诸多方面，如岩石风化、火山爆发、燃烧排放的烟尘，工业生产过程中排放的粉尘等。灰尘对档案的危害，主要是其带有棱角的固体颗粒可造成对纸张的磨损。灰尘吸附或本身带有的酸、碱性成分会加速纸张的老化，使字迹褪色，而且灰尘还是霉菌孢子的传播物。为了有效地防止有害气体、灰尘对档案材料的破坏，可采取以下措施：①正确选择库房地址，尽量避开工业区和繁华街道；②库房要密封，可采用相对密封或多处密封的办法，把档案存放于盒、柜中；③库房中安装空调设施并对通风采取净化、过滤。

5.库房墙壁、地面应选择坚硬、耐磨、光滑、易清洁的材料，防止建筑内表面起尘。工作人员出入，档案出入库要采取除尘措施。

6.搞好档案库房周围的环境卫生。

7.保卫与保密。档案库房一定要有严格的管理制度，库房管理人员应做好防盗工作，同时不得允许未经批准的人员进入。珍贵、绝密档案应放入保险柜，并在专门地点保存。档案管理人员在非工作地点或非工作时间不得谈论档案内容，库内档案存放状况和管理制度的某些具体内容，也应该列入档案馆（室）的保密范围内。

三、档案的修复技术

档案的修复是档案保护中一项重要内容。它通过一些技术加工，使被损坏和沾污的档案文件恢复原来的面貌。档案修复包括去污、去酸、加固、修裱等。

（一）档案修复的去污技术

档案文件在长期的保护和利用过程中，由于各种原因常被污染，形成水斑、泥斑、蜡斑、墨水斑、霉斑，以及油点、汗垢、食物斑点、胶水和铅笔褪色迹等。这些污斑轻则影响字迹的清晰度，重则完全遮盖文件字迹，因此，必须予以清除，去污方法主要有以下两种。①干法去污。这是一种较为简单的去污方法。它通常是用手工工具（如小刀、刷子、橡皮等），除去档案材料上的污斑。如果灰尘较多，可用去尘器消除。②湿法去污。通常采用水池去污、有机溶剂去污、氧化剂去污等方法。水洗去污就是在盘中注入70℃热水，加约1%明矾，把档案文件平放在一个托盘上并浸入水中，轻轻洗刷污斑处。待洗净或无法洗净时，取出档案文件放在另外一盘清水中清洗。再取出吸水纸吸去水分并慢慢压干。如果档案文件上的泥斑较多，可以改用1%～2%的纯碱溶液水洗，然后再用清水洗净文件中的残液。有机溶剂去污法适用于沾染在档案上的油类、颜料、蜡质等污斑的去除。有机溶剂常用的有苯、甲苯、乙醚等。油斑可用正乙烷、四氯化碳、苯和甲苯去除；霉斑可用苯、酒精去除；颜料可用苯的混合物、酒精、松节油去除。氧化剂去污方法是利用氧化性强的化学药品对污斑色素进行氧化，强行破坏色素的发色团，达到去污斑的目的。根据氧化剂性能的不同和污斑轻重，氧化剂去除污斑可分别采用强氧化剂去除污斑或弱氧化剂去除污斑。

（二）档案修复的去酸技术

档案材料中酸的来源很多，由于在生产纸张的过程中，酸性成分有时残留在纸浆中，施胶过程中的过量明矾与水作用，也可产生硫酸残存在纸张中。还有潮湿、霉菌和灰尘也有产生酸的可能。去酸的技术主要有以下两种。①氢氧化钙去酸法。此方法是根据中和原理，用碱性物质把纸张中的酸中和掉。这种去酸法的优点是，在去酸的过程中产生的碳酸钙细微颗粒，渗入到档案纸张的纤维结构里，这样既能防止档案纸张酸度的增加，又能作为填料，使纸张的性质处于稳定状态，从而有利于纸张的耐久性。②氨气去酸法。氨气在常温下呈气体状，它适合在熏蒸室对大量档案文件进行去酸。去酸时，可按1：10的比例稀释氨水，在熏蒸室内密闭24～26小时，利用散发出的氨气将档案文件纸张中的酸中和掉。该方法的优点是，氨气渗透力强，对档案文件的字迹无影响，能对大量档案进行去酸，成本低，操作简便。除上述两种去酸方法外，还有无水去酸技术，它是用醋酸镁甲醇、乙醇溶液和氢氧化钡进行去酸。这种方法目前还处于试验阶段。随着科学技术的发展，还会有更多、更新的去酸技术出现。

（三）档案修复的加固技术

随着岁月的流逝，档案上的字迹会因各种因素的影响而发生退化，如不采取必要的措施，势必影响档案的寿命。因此，必须对档案文件的字迹、档案纸张进行加固工作。纸张档案的加固技术是应用涂胶、加膜、丝网等方法对损坏或将损坏的档案进行保护的措施。加固技术主要有以下几种方法。

（1）胶黏剂喷涂法。它是用具有黏性的化学药液——胶黏剂喷涂在档案上，在档案文件上形成一层薄膜，使字迹得到保护，使纸张强度相应得到提高。加固材料应具有一定胶黏性，胶黏剂化学性稳定，无色透明，加固后形成薄膜有一定可塑性，方便利用。常用的胶黏剂溶液有：明胶甘油溶液、乙级纤维素溶液、有机玻璃溶液等。

（2）加膜法。加膜法就是在纸张强度降低了的档案正反两面加上透明网膜。档案夹在透明网膜中，既能正常阅读，又能提高纸张的强度。加膜法可分为热压加膜和溶剂加膜两种。热压加膜法是利用高温高压的专门设备，把薄而透明的醋酸纤维素压在纸上。溶剂加膜法是选用一种溶剂把透明薄膜黏结在档案上。

（四）档案修复的修裱技术

档案文件老化变脆或已破烂时，可采用修裱的方法恢复和提高纸张强度。档案的修裱，就是以糨糊做黏着剂，用托裱修补的方法把选好的纸张或托或补在档案上面，以恢复档案文件的原貌。

第二节　档案的利用

一、档案信息的利用

档案利用工作也称为档案提供利用工作，即档案部门为满足社会利用档案的需要，向用户提供机会和条件的工作。档案工作是为了发挥档案的作用，满足社会各方面对档案的需要。为达到这一目的，档案部门进行了一系列的职能活动，做了大量的收集、整理、鉴定、保管、统计、检索和编研等工作，但这些只是为档案作用的发挥创造了一些可能性，而要让档案的作用得到实际的发挥，还必须通过直接地向用户提供档案信息的方式，让档案用户获得所需的档案信息，这就是档案利用工作。档案利用工作是档案工作中最有活力的一个环节。开展档案利用工作对整个档案工作的开展具有决定性的影响。档案工作的成果，需要通过档案利用工作来加以体现。

档案利用工作的指导思想是提供良好的服务，要做好这项工作，档案工作人员必须注意以下几点。

第一，熟悉馆藏和档案检索系统。档案人员能够通过档案的收集、整理、鉴定、保管、统计、编制检索系统、编写参考资料等途径，有意识地了解馆藏档案的内容和成分，了解档案的存放位置和有关档案的利用价值等。档案人员对档案情况的熟悉和了解，当然不应该也不可能替代档案检索系统，但是，这种熟悉和了解能够对馆（室）藏档案的检索系统起到某种拾遗补阙的作用。只有这样，才能提供高质量的服务。同时，档案工作人员还应熟悉馆藏档案的检索系统，要熟悉各种检索系统的检索范围及其特点，熟悉各种检索系统之间的交叉、替补等关系，了解各种检索系统的使用方法并能熟练地加以应用。通过熟悉档案检索系统还能够进一步熟悉和了解馆藏档案。

第二，树立良好的服务精神。档案人员需要具有高度的责任感和良好的服务态度。档案是国家财产，共同组成这个国家的公民都有权利利用它。档案也是一个科学文化事业机构，其服务对象本身就具有社会性。在档案提供利用工作中，档案人员可能会遇到各种各样的利用者和利用目的，有官方用户、有私人用户，有为公务考察而来、有为历史研究而来，也有为私人事务而来。在接待各种用户时，档案人员应持一视同仁的态度，进行同等的服务。人们保存档案的目的，主要是为了满足公务活动的需要。同时，也必须满足社会其他方面的需要。

第三，档案利用工作是档案工作价值的直接体现。档案工作的直接目的就是为社会提供各种内容的档案信息来为社会服务。为了达到这一目的，档案工作需要由一系列的业务环节所构成。然而，在这些业务环节中，只有档案利用工作才能最直接地、最全面地体现整个档案工作的价值；档案工作也只有通过准确地提供档案信息，才能向社会证明自身存在的意义和价值。因此，档案利用工作代表了整个档案工作的成果。

二、开放档案

开放档案是档案利用的又一种形式。所谓开放档案，就是向社会广泛地提供相关的档案，用户只要经过一般的手续即可利用档案。目前，可以开放的档案一般包括两种类型：一种是在形成之初就不涉及机密的档案；另一种是在形成时具有一定的机密性，现在保密期限已满的档案。根据国家的有关规定，凡我国公民，只要持有合法的证明，如身份证、工作证、学生证或其他能够证明自己身份的文件，均可利用开放的档案。

三、档案用户的需求分析

（一）档案用户的需求研究

档案用户需求研究可以分为以下方面。

第一，对档案用户需求方式的研究。各种类型的档案用户对档案信息的需求方式是不同的。有的要求使用"一次文献"，有的要求使用"二次文献"；有的十分强调"时机性"，有的十分强调"准确性"；有的要求大量、系统地利用档案，强调族性检索，以便对档案信息加以筛选，有的只要求利用某一份文件，强调特性检索等。档案人员应根据用户的不同需求，有针对性地提供多种形式的服务。

第二，对用户表达需求和实际需求的研究。档案用户对档案的实际需求在表达时往往不能完全吻合，可能存在一定程度的误差。有时表达需求大于实际需求，这是用户需求尚有不确定性，希望扩大检索范围；有时表达需求小于实际需求，这是用户不了解馆藏档案的全面情况，只表达了直接需求，没有表达间接需求。档案用户表达需求时产生的误差，势必降低档案检索的查全率和查准率，导致无效劳动或影响到档案作用的充分发挥。因此，档案人员应认真研究用户的实际需求，纠正其表达时的误差。档案人员在接待用户时应深入了解用户查阅档案的真实意图。并尽可能提供开放的档案目录，供用户自行检索，以此来校正表达需求。

第三，对用户指名需求和主题需求的研究。"指名需求"是指用户能够直接指明档案的名称甚至档号；"主题需求"是指用户只能提出所需档案的主题内容，而提不出档案的具体名称以及档号。对于指名需求，档案人员一般比较容易给予满足，但也应了解其使用档案的意图，如果馆藏中还有与其使用意图有关的、更适合的档案，应当给予指导和提供。对于主题需求，档案人员应认真分析用户所诉主题，澄清模糊度，有针对性地向用户介绍有关档案材料，确定咨询领域。同时，应提供相关的检索系统，尽可能将用户的主题需求转换成指名需求，降低调卷难度。

（二）档案用户需求研究的目的

档案用户即档案利用者。档案作用的发挥，产生经济效益或社会效益，是通过档案用户对档案信息的实际利用来实现的。因此，开展档案用户研究，是档案提供利用工作的一项重要内容。

(1) 开展档案用户研究能化被动服务为主动服务。出于档案工作的特性所定，档案的提供利用工作是一项被动服务的工作。因为档案人员往往不能事先得知档案用户的需求，很难早做准备。只能在用户来到档案馆（室）后才能根据相关咨询要求对档案信息进行实时检索。这就必然产生工作效率低和工作质量、效果差的问题。这是在较短的时间内，档案人员很难提供完整的、系统的档案信息的原因。这种被动服务的形式仅仅是档案信息的浅层次开发，档案的作用不可能得到充分的发挥。开展档案用户研究，能够使档案人员及时了解和掌握档案的利用动向，及时地、高质量地开发档案信息资源。

(2) 开展档案用户研究能提高档案部门的工作水平。受传统的影响，档案部门一般的工作方式是等用户研究。各项档案业务工作虽然是围绕着提供利用工作展开，出于提供利用的具体方向不明了，因此，各项业务工作的开展多少也带有一定的盲目性。通过开展档案用户研究，及时地获得和掌握档案利用工作的信息反馈，可以根据用户需求来改进工作中的一些薄弱环节，从而提高整个档案工作的水平。

（三）档案用户的心理活动研究

人的行为受到人的心理活动支配。档案用户从产生档案利用需求到生成查找档案的行为直至达到利用档案的目的，在很大程度上受到自身心理活动的支配。档案用户到档案馆（室）来利用档案的心理特征主要表现为希望得到有关的档案信息，满足需要。围绕着这一点，档案人员应开展相应的研究。

1. 档案部门工作实际与用户心理协调的研究

用户利用档案的心理需要是否能够得到满足，往往与档案部门的工作实际有着密切的联系。在此产生作用的主要有以下因素。

第一，档案利用服务工作与用户心理的协调。优质的档案利用服务工作能适应档案用户的心理特点，满足用户的心理需要。当用户提供不出确切的查询范围，当用户对查询有过高要求而不能满足时，档案人员良好的素质和诚恳热情的服务态度就能使用户较为顺利地完成查询过程。即使档案部门所提供的服务没能满足用户的实际需求，也应当能够满足用户的心理需求。

第二，档案利用环境与用户心理的协调。用户心理状态也会受到档案利用环境的影响。不适宜的档案利用环境会造成档案用户心理状态的劣化，从而直接影响到档案作用的正常发挥。因此，档案利用环境应布置得庄重大方，切忌花哨，应使档案用户得到一种整洁、明朗的感觉。

第三，档案利用条件对用户心理的协调。除了应提供优质的服务和良好的环境外，档案部门还应提供必要的利用条件，以优化用户的心理状态。如档案部门应为用户提供必要的检索系统和有关的参考资料，尽可能满足用户的实际需要。

2. 档案利用过程中用户心理的研究

在档案利用过程中，用户的心理活动也是处于一种变化状态的。用户的情感和意志活动会对档案的利用过程产生一定的影响。当人们在认识客观事物时，会对客观事物采取一定的态度，产生情感或情绪，并对事物采取一定的行为。有的用户档案利用过程非常顺利，满意而出，对档案部门产生好感；也有的用户利用过程非常不顺利，大失所望，继而对档案部门产生不信任感，甚至会对档案造成损害。对此，档案人员必须密切关注档案利用过程中用户心理的变化情况。

3. 用户潜在利用心理的研究

某些用户往往有种不愿为他人知晓的利用目的，或者不便于直接表达的利用目的，因此，其表达的需求一般是经过修饰的、间接的。对用户的这种潜在利用心理需要，只要在许可的范围内，如符合有关规定、所利用档案属于开放范围等，一般应予以满足。因此，档案人员应具有一定的洞察力，当发现用户有这种潜在利用心理时，如明显地扩大查询范围等，可以考虑首先提供其实际需求的有关档案，而不至于造成我们的无效劳动。在一般情况下，档案人员对用户的利用目的不应加以干预。

四、档案服务的提供方式

档案服务是指采用多种有效的方式，直接提供档案及其信息加工材料，及时、准确地满足用户对档案信息的利用需求。提供档案服务的方式很多，档案管理部门根据本专业和本单位的工作特点，以及实际工作的发展需要，选择和发展有效快捷的服务方式为用户提供利用档案信息资源。

（一）出具档案证明

出具档案证明要符合以下要求。

（1）出具档案证明必须经过审批程序。利用者要求出具档案证明时要填写申请书，申请书中应写明出具档案证明的原因、所要证明的事实及其发生的时间、地点等背景情况。申请书经领导审查批准后相关部门才可制发档案证明。

（2）出具档案证明必须真实可靠。提供档案证明必须真实可靠、简明确切，不加评论或删节，与档案记载相符。若遇档案中对同一问题有几种不同的记载，则应同时提供。

（3）出具档案证明必须注明出处。在档案部门提供的证明材料上还应标明档案材料的出处和根据，写好的证明应仔细核对，经审查批准，加盖公章后方能生效。

（二）档案阅览

档案是历史记录的原始材料，多为单份、孤本或稀本，部分内容具有一定的机密性。为此，档案部门可采取建立阅览室接待利用的方式，让利用者查阅利用档案材料。

（三）咨询服务

档案咨询是档案部门以档案为依据，解答利用者的疑问，指导其利用档案信息资源的一种服务方式。

（1）按咨询性质划分，可分为：检索性咨询和内容性咨询。检索性咨询包括两个方面：①介绍档案的馆（库）藏结构与档案的主要构成，指导利用查找所需的档案资料；②向利用者介绍检索途径、检索工具的种类及其使用方法等。内容性咨询是指档案馆（室）解答利用者关于相关档案的内容、数据或专题的询问。如关于特定事件、会议、人物、文件的相关事实与数据的询问等。

（2）按难易程度，可分为：一般性咨询和专门性咨询。指档案馆（室）针对利用者提出的关于馆（室）基本情况、档案利用的规章制度、库藏档案的种类及内容成分等问题所进行的一般性解答服务。专门性咨询是指档案馆（室）根据对有关档案文件的分析研究结果，解答利用者关于特定档案文件的研究价值、文件中记载事实、数据的真实性或有关专题档案的范围等方面的询问。

（3）按咨询形式，可分为口头咨询和书面咨询。口头咨询是指档案馆（室）以口头解答或电话答复等方式，回答利用者在查阅、使用档案文件活动中的有关问题的一种咨询服务。书面咨询是指档案馆（室）以正式的书面材料的形式，解答利用者提出的有关档案、档案目录、档案机构等方面的询问。

（四）外借使用

外借使用是指档案馆（室）为满足党政领导机关的工作需要，以及有些需要档案原件或副件的特殊需求，按照一定的制度，暂时将档案借出馆（室）外给利用者使用的一种服务方式。档案的外借必须建立借阅制度。

（1）出借手续。档案外借使用要经过一定的审批手续，借出档案时采用双卡制登记手续，即每一个借阅人有一份借阅证（卡），档案的每一个保管单位（卷、册、袋、盒）

有一张出借记录卡（或代卷卡）。出借档案要交接清楚，并履行登记签字手续。

(2) 出借利用的规定。为保护档案对档案出借利用做了相关规定，主要有：孤本、珍贵的档案一般不可借原件，尽量提供复制本；出借机密、绝密档案，要经领导批准同意，并办理审批手续；利用者借阅档案，包括复制本应精心爱护，不允许在档案上修改涂抹、勾画、圈点，或做其他各种标记；摘抄或复制机密以上的档案，要经过有关领导审批；借阅者负有保密的完全责任。

(3) 催还。对于借出的档案到归还期限仍迟迟不归还的，档案部门要及时地催借阅者归还，其目的是避免档案因长期滞留在利用者手中而影响其他借阅者使用，加快档案利用的周转率；同时也是避免档案出现损坏、散失、失密和泄密现象，保护档案完整、安全的一项措施。

（五）复制和利用

复制和利用是指档案馆根据利用者的合理需要，以档案原件为依据，通过静电复印、拍照等复制方式，向利用者提供档案复制本的一种服务形式。

(1) 档案复制的方式。第一，单份文件的复制。单份复制主要是为了满足利用者各种档案查考的需要，提供必要的单份文件复制品。如复制了解相关的政策文件，为生产、建设提供所缺少的设计图纸等。第二，全套文件的复制。就是围绕一个专题、项目、课题或型号，提供全套文件的复制服务。如为机关工作提供某次会议的全部文件或某项政策贯彻实施的所有文件；在设备的使用维修活动中，提供有关的配套复制图纸作为管理和检修的依据与凭证，为科研、设计成果进入技术贸易市场和实现转让的目的，提供必要的文件复制本等。

(2) 档案复制利用的优点。第一，充分地发挥档案的作用。利用者不到档案馆（室）即可获得所需要的档案材料，既方便用户，又可在同一时间内满足较多利用需要。第二，有利于档案原件的保护。制发档案复制本，避免了利用者直接使用原件，利于档案材料的保护。但档案复制本的印发不利于保密，因此，在制发范围和批准权限方面应妥善处理。

（六）陈列档案

第一，陈列档案的内容选择。陈列档案是通过有关档案的展示，让利用者阅览、挑选自己所需档案的一种直观服务方式。为此，陈列档案应当按专题进行组织，在内容上具有典型性和代表性，能记录和反映典型历史事物或管理、生产和科学技术的发展成就。

第二，陈列档案的材料选择。陈列档案的目的不同，所选择的档案材料也各不相同。如以宣传教育为目的的，要选择典型性和代表性档案文件；为进行科技交流和科研、设计成果转让服务的，则要选择技术上具有新颖性和适用性的科技档案，表明科技成果的先进性和效益性，以期实现转让和交流。

第五章 保险档案信息化建设

第一节 保险档案信息化建设概述

保险档案信息化建设是一个系统的工程，其主要内容是把现代化的信息术应用到保险档案工作中，目的是利用信息技术提高保险档案的现代化服务水平，更好地服务于社会主义事业。要使保险档案信息化建设落到实处，达到预期的目的，就要对保险档案及其信息化建设的实际有一个细致入微的了解。

一、保险档案的含义、构成及特点

保险档案是保险行业独有的档案，其区别于基建档案、会计档案等一些专业性业务档案。其不仅有自己的含义以及特点，还由保险机构的保险业务以及保险管理工作的特殊性所决定。

（一）保险档案的含义

随着我国经济的不断进步以及社保体制的不断完善，保险行业得到了迅速的发展。各保险机构在承保、投保、客户服务以及理赔等业务处理中直接形成的各种文字、照片、声像、照片以及图表等文件材料，将其进行整理并归档，就形成了保险档案。

保险档案主要是指保险机构在投保、承保、理赔以及防灾防损等业务处理过程中直接形成的单证、音像、图表以及照片等文件材料。保险档案内容丰富多样，其不仅是保险公司在行政管理和业务活动中形成的历史记录，还全面反映了我国保险事业的发展历史和特性，它具有真实性、广泛性以及系统性的特点。保险档案真实、完整、准确地记录了保险工作的全部过程，其不仅为总结和研究我国保险事业的发展提供了宝贵的资料，还在一定程度上推动了我国保险业的发展。

（二）保险档案的构成

各类保险机构负责的具体业务不同，所以保险档案的归档范围以及构成也会存在较大的差异。

从保险类别的角度来看，保险档案可以分为两种，主要包括政策性保险档案和商业性保险档案。商业保险档案还可以分为信用保险档案、人身保险档案、海上保险档案以及财产保险档案等。政策性保险档案还可以分为机动车交通事故责任强制保险档案、社会保险档案以及农业保险档案。

虽然保险档案有着不同的分类方法，但由于其业务流程大致相似，所以不同种类保险档案的构成没有本质上的区别。由于政策性保险和商业保险都是由理赔（或给付）和承（投）保这两部分构成，所以在业务流程上没有太大的区别。从保险业务共性的角度来看，将保险档案分为理赔档案和承保档案，并分别介绍归档范围。

1. 承保档案

保险业务的承保流程主要分为收集参保人参保材料、开具保障合同、提交参保材料、审核参保材料以及上传参保数据等几方面，在这个过程中形成的文件材料就是承保档案。其不仅清晰地阐述了承保人和投保人具有的权利和义务，还是理赔或给付时的法律依据。

因为保险业务的具体内容不同，所以保险档案的构成以及归档范围也不相同。无论是水险承保档案、非水险承保档案，还是财产保险承保档案、农业保险承保档案、货运保险承保档案、人身保险承保档案，由于其承保条款和承保流程的构成大致相似，所以其归档范围也大致相同。

承保档案的归档范围主要包含退费凭证复印件、保险合同或协议书、核保审批文件的副本及其相关的附表、投保人身份证明类文件、投保单证的副本及其相关的附表、确认书、收费凭证复印件、回执类文件、清单类文件及其他有关文件。

2. 理赔档案

保险理赔的步骤主要包括：投保人出险报案、客服受理报案、损失核定、投保人提交索赔资料、机构审核赔案、现场勘查、确定责任以及投保人领取赔偿。以上过程中所涉及的全部文件经过整理并归档，就形成了理赔档案。在实际生活中，理赔档案只记录出险后经过理赔的承保项目。

理赔档案所负责保险项目的查勘、审核以及业务内容不同，所以其文件的归档也不相同。理赔档案的归档范围主要包括理赔申请书、文件交接凭证、理赔协议书、理赔委托书、合同书、理赔案件调查笔录及报告、各种证据类材料、客户身份类材料、案件抄单、业务批单及其他材料。

随着我国保险业不断进步与发展，各保险机构的业务内容和业务范围也在扩大，从而使保险档案的构成和归档范围也发生了变化。除此之外，由于各保险机构的经营范围不同，所以保险档案的归档范围以及构成也不相同。因此，为了做好档案管理工作，不仅要遵循国家相关规定，还要根据单位的具体情况，科学、合理地制定档案的管理方法和实施细则。

二、保险档案信息化建设的必要性与可行性分析

保险档案信息化建设是档案工作适应社会信息化发展的必然选择，所以保险档案信息化建设不仅要与我国经济社会发展相适应，还要与我国保险事业以及档案事业相适应。因此，保险档案信息化建设一定要进行可行性和必要性的分析。

（一）保险档案信息化建设的必要性

随着经济的不断进步与发展、科技的高速发展，我们已经步入了信息化的时代。在大环境的影响下，保险事业也在不断地进步和发展，与此同时，保险档案管理工作也出现了新的问题：保险档案库存量大给场地和资金带来了不小的压力；保险档案管理不善，导致重要文件出现损坏或者丢失，有可能引起法律纠纷，从而造成不可挽回的经济损失；传统的保险档案管理模式存在查询难以及利用率低的缺点。由此可见，传统的保险档案管理工作已经不能满足人们的需求。所以，保险档案管理应该向信息化方向发展。

首先，从传统的保险档案管理方式来看，信息化管理方式具有一定的优势。一方面，我国通常采用以手工操作为主的传统保险档案管理模式，这种管理模式会降低工作人员的工作效率。另一方面，保险档案的库存量大，占用的面积相对较多，而传统的保险档案管理方法存在一定的弊端，不利于保险档案的长期保存，从而限制了保险档案工作的顺利开

展。我们可以充分利用保险档案信息化建设的特点，通过信息化技术将纸质保险档案以及其他载体的保险档案进行数字化，更好地保存在存储媒介中。保险档案的信息化管理不仅具有存储量大和方便查阅的特点，还可以将电子保险档案进行备份，从而避免出现重要文件丢失的情况。除此之外，当保险档案信息化建设完成后，就可以利用强大的互联网技术快速地找到所需要的电子保险档案，大大提高了保险档案的利用率。

其次，保险档案信息化在一定程度上扩大了保险档案工作的发展空间。一方面，通过信息技术将保险档案分为不同的级别，在通过控制权限增强保险档案信息的保密性。另一方面，可以利用互联网实时化的特点，快速查询到所需的保险档案。除此以外，保险档案信息化建设不仅要方便查阅人员和编录人员，还要提高保险档案的服务水平，从而实现人性化的保险档案服务。

相比于传统档案的管理方式，信息化的管理方式更具有一定的优势，所以各个保险机构都在进行保险档案信息化建设，但是在建设过程中出现了以下几个问题：其一，保险档案信息化建设所需要的设备出现了配备不合理的情况，导致了资源的浪费；其二，保险档案信息资源建设存在一定的不足；其三，缺乏领导机制，导致保险档案信息水平受到影响；其四，保险档案信息化建设不够完善；其五，缺少保险档案信息化建设方面的人才。由此得出，保险档案信息化建设是十分重要的。

（二）保险档案信息化建设的可行性

我国在档案信息化领域方面取得了一定的进展，而保险档案信息化建设是其分支，也具备了全面开展的条件。

1. 技术基础趋于成熟

随着科技的高速发展、信息技术的快速发展，保险档案所需的技术越来越成熟。国内有许多保险公司都已经开发了属于自己的数字化信息管理系统。除此之外，全国各地已经有很多成熟的数字档案馆，其主要是为了实现对档案信息资源的处理、传递以及收集等功能。这些功能的实现也就意味着数据存储、信息安全与保密、档案数字化等核心技术的成熟。数字档案馆以及其他行业档案信息化建设的成功，足以说明我国不仅具有保险档案信息化建设方面的技术，还可以满足保险档案信息化建设的需要。

2. 标准规范逐步健全

随着保险档案信息化建设的开展，政策扶持、社会支持等多因素关系，得到了更多的重视，同时相关的标准、规范相继出台。这些标准规范的出台可为保险信息化建设提供借鉴与支持。

由于客观条件的日趋成熟，各类保险机构应该最大限度地的发挥其主观能动性，这样有助于顺利完成保险档案的信息化建设，为保险档案工作打开新的局面。

要做好保险档案信息化建设工作，既要了解保险档案的构成、归档范围、保险档案特点以及含义，还要了解保险档案信息化建设的意义。只有对这些概念有一定的了解，才能提出有建设意义的问题，从而达到预期的效果。总之，要对保险档案信息化建设进行可行性和必要性的分析，这样不仅有助于我们在保险档案信息化建设的过程中做到具体问题具体分析，还始终保持与我国档案信息化建设总体工作相结合的战略。

第二节　保险档案信息化建设的管理

保险档案信息化建设是我国档案信息化建设的一个分支，我们要将其上升到一定的高度，避免其脱离国家层面的指导。与此同时，保险档案信息化建设具有系统化的特点，每个环节都是环环相扣的，不能将其独立分开。因此，必须明确保险档案信息化建设的指导思想以及原则，加强规划和组织管理并建立保障体系。

一、保险档案信息化建设的构建和管理模式

保险档案信息化建设需要很长时间才能够达到成熟标准，所以整个建设的规划需要在相关监管部门或行政管理部门的监督下进行。为了确保整个建设过程万无一失，详细制订与保险档案工作相匹配的具体规划是目前的首要任务。

（一）保险档案信息化建设的构建

提前对保险档案信息化建设工作进行规划和管理有助于推动整个建设工程的快速发展，明确工作目标对整个建设工程起到引导和指导作用。

一般情况下，保险档案信息化建设的构建需要从微观和宏观两个方面入手。首先，保险档案信息化建设的宏观意义是指：当地的档案行政管理部门对某个地区或全国的保险档案信息化建设进行工作指导和监督，并在整个建设周期中，设立明确的目标和任务，从而起到促进和指导作用。保险档案信息化建设的微观意义是指单独的保险机构对本单位的信息化建设进行工作安排，相较宏观而言，缩小了涉及范围和规模。

1. 完善保险档案信息化管理系统，制定相关政策和原则。

首先，赋予科学性。保险档案信息化建设对提高保险信息管理水平有着重要影响意义。为了能够大幅增加信息技术对保险档案工作的影响，加快保险档案信息化建设工作迫在眉睫，所以在制订保险档案信息化工作规划时，应当使用更加科学、更加客观的技术手段来高效地完成建设工作。

其次，赋予实用性。保险档案信息化建设工作的根本意义是通过指导保险档案信息建设来提高保险档案工作水平和服务水平，所以在制订相关计划和方案时，应当以实用性为根本原则，这样才能在满足当前需要的同时快速提高建设和管理水平。

第三，赋予灵活性。在进行保险档案信息化建设工作过程中，要遵循一定的灵活性原则，这是因为在传统管理模式中，计算机技术的匮乏导致保险档案管理水平低下，随着档案库的不断扩充，仅仅依靠原有的信息技术无法满足当前需求，于是，随着社会科技的进步和计算机水平的发展，制订保险档案信息化建设的规划时，应当采用最先进的计算机技术，从而完善保险档案管理系统的功能，扩充信息资源，规范标准建设。但对计算机硬件设施和信息化技术水平方面可以给予一定的空间。由此可见，保险档案信息化建设的灵活性原则也是至关重要的。

2. 规划保险档案信息化建设方案的具体程序

一个拥有明确目标的建设工程，有利于推进建设事业的进展。为了确保保险档案信息化建设工作具有科学性、实用性和灵活性，应当从以下几个环节来实施建设工作。第一，组织工作人员开展规划起草工作。以单位内的保险档案管理部门领导和相关技术人员为起草小组核心成员，并以熟悉保险档案工作内容及流程的工作人员为辅助成员，共同开展初步建设工作。在建设初期，小组成员应当制定明确的保险档案信息化建设目标，掌握制订规划的基本方法与理论。第二，着重开展调研工作。为了有效防止在将保险档案信息化过程中出现意外情况，有效调研是一种重要的保障手段。调研内容应当包括以下两个方面：首先，需要对地方保险或国家保险行业信息化的发展战略、发展水平和发展规划进行详细的调研；其次，要完全掌握当今社会有关保险档案机构信息化建设的政策和现状。第三，草拟初稿。在以上两个步骤的基础上完成初稿，根据客观事实制定内容，不可随意发挥。第四，对初稿内容进行辩证讨论。初稿完成后，应当由专业学者或保险档案相关管理人员进行讨论和分析，从而提高初稿的科学性和可靠性。与此同时，还应当征集基层保险单位的建设性意见，确保能够体现建设工程的科学性和实用性。第五，公布规划。经过各方领导的审批后，将最终计划公布于众，推动建设工程进入实施阶段。与此同时，还应当注意在推动过程中所出现的各种问题，及时做出调整，发挥建设工程的灵活性，从而达到预期目标。

（二）保险档案信息化建设的管理模式

为了保证建设工程的顺利进行，保险档案信息化建设的管理模式，应当从建立领导和建设实施两个方面入手。

1. 组建保险档案信息化建设领导小组

为了保证保险档案信息化建设工程的稳步进行，加强组织领导建设，使整个建设工程贯穿整个保险机构，所以保险档案部门的主要领导成员须对建设工程进行指导和引领。其中小组领导需要由保险档案部门的主要领导担任，这为建设工程的顺利实施奠定了坚实的基础。

2. 制定更加明确的实施步骤

第一，明确保险档案信息化建设工作的目标。根据各地区、各部门保险档案信息化建设的具体方案开展统筹规划工作，并根据不同基础单位的实际情况进行灵活调整和修订，秉承着具体问题具体分析的原则，对接国家档案信息化建设的实施纲要，严格遵从国家制定的相关规定和政策，保证保险档案信息化建设与我国国家档案信息化建设的步调一致，从而最大限度地实现保险档案信息资源共享和共建，只有这样才能真正地促进我国整体档案信息化建设水平，实现预期目标。

第二，分级实施保险档案信息化建设的策略。根据不同发展阶段和不同时期的特点，将保险档案信息化建设目标进行实时调整，并进行分步实施。同时，为了实现各项具体目标，应从简单的项目分别入手，待完全解决问题后，再集中精力冲破难关。

二、保险档案信息化建设的保障体系与原理

科学的标准规范和高端的人才队伍对我国保险档案信息化建设起到决定性作用。

（一）建设保险档案信息化的标准和制度

一套成熟、标准的管理制度对整个保险档案信息化工程的进行起到规范作用。为了做好有关建设保险档案信息化的标准和制度工作，应充分掌握建设的意义和建设的内容。

1. 明确保险档案信息化标准规范建设的意义

将保险档案信息资源进行网络共享是我们实施建设工程的根本目标。然而如果没有规范和统一的标准化管理模式，则会导致众多资源信息出现混乱局面，且无法有效地被利用。传统保险档案信息的表现形式和媒介丰富多样，包括视频、音频、书本和图片等，但在现代化信息资源建设过程中，必须明确技术规范和标准，以确保保险档案信息能够更好地实现共享。

当今科技发展的速度越来越快，计算机网络系统也在更新换代，保险档案信息系统也必须考虑要与时代齐头并进，制定与信息社会发展相适应的标准规范。

2. 明确保险档案信息化标准规范建设内容

保险档案信息化建设工作是我国档案信息化建设工作中的重要组成部分，须严格按照我国现有的相关标准规范，建立具有保险行业特性的相关制度。其中，档案信息化建设的标准规范主要包括业务信用标准规范、技术性标准规范和管理性标准规范。

保险档案信息化标准规范应当提前制订计划，再由档案界、保险界和信息产业界出色的专家学者及一线保险档案管理人员共同商讨和论证，达成一致意见后，再有组织、有计划地按步骤进行施工，确保工程专业性的同时也要确保系统性。与此同时，保险档案信息化标准规范应当向我国或国际上的相关规范看齐，充分吸收和借鉴其他行业的相关技术标准规范。在此基础上，结合我国国情和实际情况，制定出切合我国保险档案发展实际的标

准规范，经过严密的讨论和实践，最终形成我国保险档案信息化标准规范体系。

（二）保险档案信息化的人才队伍建设

为了做好保险档案信息化人才队伍建设工作，我们应当了解当前人才市场的实际情况和个人需求，明确人才队伍的建设目的，从而使人力资源建设工作具有更强的针对性和目的性。

1. 了解人才队伍建设的需求

目前，我国保险档案信息化建设工程包括资源建设、网络建设和应用系统建设等内容，所以这就要求相关人才需要具备多方面的知识和技能，从而确保保险档案信息资源建设的运行和管理顺利进行。在开展人力资源建设工作时，应当确保这支人才队伍对保险事业和档案事业具有极高的热情和兴趣，在此基础上，再考量个人信息技术水平和专业知识储备。

2. 了解人才队伍建设的目的

在开展人力资源建设工作之前，应当明确工作目的，致力于通过建立人才队伍，培养出一批热爱档案事业及保险事业、熟练掌握档案工作理论和方法、具备高端现代信息技术、熟练掌握保险档案，信息化建设运营与管理的综合型专业人才。

3. 了解人才队伍建设的内容

保险档案信息化建设工作的核心环节是培养高素质创新型人才，为了提高相关管理人员的专业素养和业务水平，在开展人才队伍建设工作的过程中，需要引进先进的教学水平和教学资源，详尽讲解有关计算机网络建设、信息资源建设和应用系统建设等内容，从而提高专业队伍人才的档案技术水平，夯实基础理论知识。在提高保险档案管理人员专业素质的同时也应当着重培养他们的思想素质，全力打造一支具备优秀专业素养、超高知识水平和坚定政治信念的高素质保险档案管理人才队伍。

4. 明确人才队伍建设途径

为了提高保险档案信息化人才队伍的整体水平，可以通过内部培训和外部宣讲这两种途径来进行。内部员工培训是指与不同的档案教育培训机构或具备档案管理专业的高校进行合作。外部宣讲是指通过邀请各大高校档案管理专业的教授或专业性人才来对员工进行知识宣讲和培训，从而提高信息化水平。

为了高效快速地完成人才队伍建设工作，各级保险档案部门和领导干部需要将培养人才工作列为首要工作内容，并定期开展阶段性工作成果的反馈，确保信息化人才队伍的建设工作稳步进行。

在国内，各家保险机构有着参差不齐的信息资源、信息技术、网络通信、数据仓库、经费支持等，所以只有加强保险档案信息化建设的宏观管理，进一步强化协调控制水平，才能推进整个保险档案信息化建设工程的稳步发展。

第三节　保险档案信息管理应用系统的建设工作

保险档案信息管理应用系统主要包括保险档案网站和保险档案管理软件，是整个保险档案信息化建设工作的核心组件。其中，保险档案管理软件是应用系统的重要手段，而保险档案网站是提供、利用保险档案信息资源的重要途径。

一、开发保险档案管理软件工作

保险档案软件应当根据保险档案工作的实际需求和现实情况进行开发，不能照搬或模仿市场上现有的档案管理软件，整个开发工作应当秉承科学性和客观性的原则来开展。

随着科技水平的发展，我国档案部门逐渐利用计算机开展辅助档案管理工作，而如今在高端系统的运作下，已经研发了很多档案管理应用软件，对促进档案管理现代化服务水平起到重要作用。然而，应用软件市场上逐渐出现了大量功能重复开发、操作设置不合理等问题，所以，我们应当反思这些保险档案软件应以哪些基本功能为主。除此之外，目前我国缺少成熟的档案管理软件系统鉴定标准或依据，而这也导致软件的开发工作停滞不前，造成大量人力物力的浪费，在一定程度上阻碍了全国档案管理现代化水平的进步和发展。

目前，制定出一套关于保险档案管理软件功能要求方面的规章制度是首要任务，在此基础上，才可再开展开发功能合理的保险档案信息化管理软件。

然而，开发出较成熟的保险档案管理软件需具备较高的计算机设备或专业人才，这对各个保险机构都有一定的难度。目前最普遍的方式是各大保险机构通过购买或指定软件公司来获取自家的保险软件，这种方式在一定程度上节约了大量资源成本，不仅节省了人力物力，还获得了针对性更强、适配度更高的保险软件。因此，对保险档案软件的筛选与测评便成为后续工作的重点内容。

（一）保险档案管理软件筛选与测评的目的

随着科技水平的进步，在软件市场上，每年都有大量的软件被开发和应用，其中绝大部分被称为通用性档案管理软件，但其实绝大部分的档案管理者很难找到令自己满意的保险档案管理软件，主要原因是保险档案管理软件的市场局限性较大，开发范围和应用市场相对有限，无法吸引更多的开发人才加入到队伍中来。所以为了解决上述问题，软件测评与筛选工作迫在眉睫，通过多方手段的筛选与测评可以挑选出功能最齐全的保险档案管理软件。

保险档案管理软件的测评与筛选应当严格遵照国家档案局所制定的相关标准和制度。根据实际情况起草档案软件测评标准，严格按照相关规定，实行检测步骤，从而提高保险档案管理软件的可靠性和专业性。

（二）保险档案管理软件筛选与测评的方法

在对保险档案管理软件进行测评时，应当注重测评方法的专业性和规范性，以质量为主，规范为辅，严格遵循软件开发的相关国际标准和国家标准，充分考虑到保险档案管理的具体实际情况。其中，测评保险档案管理软件的指标包括以下几个方面：

功能测评。为了确保保险档案管理软件具备各项基础常规功能的正常使用，满足日常管理工作的需求，应对保险档案管理软件进行功能测评，确保软件的实际功能与现实情况相吻合。

兼容性测评。为了使该软件能够在不同常见机型上正常运行，需对保险档案管理软件进行兼容性测评，以此来考察软件在不同硬件或软件环境下的运行情况。

速度测评。为了使该软件能够在手机上快速运转，不出现卡顿死机的情况，则需对软件进行速度测评，以此来提高工作效率和运行速度。

易用性测评。该测评方式主要考察软件的操作性、安装性、操作指导的清晰程度、在线帮助信息的完整性、用户自定义功能、人机对话界面等性能。

安全性测评。该测评方式主要考察软件的安全程度、口令密码的设定、防范非法用户侵入、非授权用户的识别与抵制、数据传输加密和解密的安全性等性能。

总而言之，对保险档案管理软件进行筛选与测评，主要是为了优化信息环境、满足保险档案管理工作需求和筛选出最优应用软件。其中，软件测评所带来的好处显而易见，不仅为保险档案管理软件的推广提供了可靠依据，更是对保险档案管理软件的开发起到指导和引领作用。

二、建设与维护保险档案网站

保险档案网站是提供保险档案信息资源的重要途径，网站的建立与维护对保险档案信息资源的利用效率有重要影响。

（一）建立保险档案网站

为了确保所建保险档案网站的质量水平，单位应结合自身发展需求和方向，明确该网站的作用和意义，不盲目跟风，从实际角度出发，建立具有个性化保险档案网站。

1. 明确保险档案网站建立的意义

保险档案网站是连接保险信息资源和社会公众的重要桥梁，更是提供公共信息服务的重要手段，人们可以根据在网页上检索关键词来获取有关保险档案管理工作的相关内容，由此可见保险档案网站的重要性，而建立保险档案网站的意义主要体现为以下两个方面。

第一，通过网络渠道更全面地宣传保险机构。人们无时无刻不受到互联网的影响，而保险档案信息网站能够扩大宣传范围，让更多的人来了解保险档案管理工作。与传统的保险档案宣传方式相比较，互联网的覆盖范围更加广泛、信息流量更加富裕，管理人员将保险档案信息做成网页供全球人民浏览和利用，从而实现最大化的宣传。除此以外，保险档案机构还可以在网站上进行其他形式的宣传活动，大力提高社会保险档案意识和保险档案事业的影响力。

第二，提高保险机构的服务水平和质量。保险机构通过建立保险档案网站可以实时更新机构类的典藏结构和档案目录，灵活调整网页内容，实时公布特色保险档案信息，而且保险档案网站的建立打破了时间和地点的限制，弥补了传统档案服务水平的缺陷，提高了整体保险档案服务水平。浏览者通过网页检索可快速、全面、准确地获取最新保险档案信息，与传统模式相比，更加高效便捷。保险档案网站的建立能够将保险档案资源的共享实现最大化，并进一步提高保险机构的服务水平。

2. 建立保险档案网站应具备的基础条件

为了使浏览者更高效便捷获取所需信息，建立保险档案网站是重要手段之一，但在建立过程中需要确保该机构具备相应的资质和条件，引进先进的技术和设备以及专业人才。在此基础上，才可以开展网站的建立工作。

第一，确保保险档案信息网站的安全性和可靠性。由于互联网的复杂性、开放性和广泛性，保险档案信息的保密工作应当受到极大的重视。在建立保险档案网站初期，应当充分考虑上网信息的安全性，通过技术加工和密码破解，建立安全可靠的防护墙，投放可开放的档案信息，并保证绝密档案信息的隐秘性。除此以外，还应当做好保密档案的到期解密工作，确保保险档案信息资源的有效利用，技术部门和档案管理部门应当加强沟通交流，利用网络技术手段和专业知识，开发出可根据个人身份认证的登录模式来保证上网的安全性。

第二，做好保险档案信息的数字化处理。保险档案信息资源是保险机构服务的重要组成部分。保险档案网站是提高信息资源利用率的主要途径，若想切实落地保险档案信息化建设工作，就必须做好保险档案信息的数字化处理。

第三，对保险档案信息进行分类。为了能够更好地服务大众，服务社会主义现代化建设，在做好保险档案信息公布的同时，也应当注重分类管理。由于各大保险机构的保险档案种类丰富多样，数据信息数量极大，这就要求各大机构的档案管理部门提前对保险信息进行系统性分类和处理，从而使浏览者可以从类别入手，快速得到所需信息。除此以外，保险档案网站不仅可以给需求者提供保险档案信息，还可以利用该网站开展宣传档案知识、提高用户档案意识等相关活动，从而促进档案事业和保险事业的发展，为服务社会主义现代化事业做出贡献。

（二）保险档案网站的维护

定期维护保险档案网站是非常有必要的，这除了可以保证网络安全，还可以及时更新网站内容，进而让保险档案需求者享受到更好的保险档案信息资源服务。

1. 保险档案网站维护的内容

服务器软件维护。只有对操作系统、服务器及连接线路等服务器软件进行定期的维护，才能保证保险档案网站的运行更加稳定和安全。

网站安全维护。尽管计算机技术的快速发展在很大程度上促进了人们计算机水平的提升，但随之而来的还有各种网络安全问题。而网站安全维护则可以保证保险档案网站安全、平稳地运行。网站安全维护指通过专业的扫描工具找到网站的漏洞，并对其进行及时修复，避免出现安全事故，在保障网站安全的同时确保网站可以平稳地运行。

网站内容更新。只有及时更新保险档案网站的内容，才能使其获得长足的发展。一个只流于表面形式的保险档案网站除了会给网站本身和网站主管部门带来消极影响，还会浪费人力、财力和物力。

2. 保险档案网站维护的方式

在选择保险档案网站的维护方式要着重考虑网站维护的效率、成本和效果这几个要素。以下是保险档案网站维护常用的三种方式。

第一，招聘专业人员。保险档案部门可以招聘如文字采编人员、网页设计人员、服务器维护专员及美工等专业的技术人员来维护保险档案网站。尽管这种做法会提高维护成本，但却可以带来良好的维护效果。

第二，委托建站公司。在创建保险档案网站时可要求建站公司对网站进行免费的维护和升级。尽管这种做法无需较高的维护成本，但却会让维护效果大打折扣。

第三，委托维护公司。保险档案部门可以和专业的网站维护公司签订维护合同确保网站的安全、平稳运行。无论是网站的安全维护、内容更新，还是网站的数据备份、网页改版，维护公司都可以提供良好的服务。这种做法无需较高的维护成本，而且可以充分保证维护的效果。

保险档案信息管理应用系统是保险档案信息化建设的重要组成部分。一个科学、完善的保险档案信息管理应用系统不仅能够提高保险档案信息资源的利用率，还能够提高其管理效率。在建设保险档案信息管理应用系统时要从保险档案的实际情况出发，满足其最基本的需求，不要过度追求最前沿的技术，这既可以节约资源和成本，还能够达到预期的效果。此外，保险档案信息管理应用系统的维护工作也是必不可少的。

第四节　保险档案面临的问题及对策

在我国，各保险机构在保险档案信息资源的占有量、数据仓库、信息技术、经费支持及网络通信等方面还是有着非常明显的差距的，这会导致很多问题和阻碍出现在保险档案信息化建设的过程中。因此，为了顺利推进保险档案信息化建设，就要积极解决在保险档案信息化建设中出现的各种问题。

一、当前我国保险档案信息化建设面临的问题

在保险档案信息化建设过程中的问题主要体现在三个方面，即保险档案信息资源建设、人才队伍和基础设施建设。以下将对这些问题进行详细的分析。

（一）保险档案信息资源建设面临的问题

在保险档案信息化建设的过程中，各保险机构由于在技术水平和重视程度等方面存在差异，所以导致了一系列问题的出现。

1. 部分单位信息资源建设存在盲目性

保险档案信息资源建设并不是一个小工程，它不仅需要花费大量的时间，还要投入很多的人力、物力和财力。所以，在保险档案信息化建设的过程中，部分保险档案部门往往会为了追求数量而放弃质量，甚至随意归类拟数字化的保险档案。这种盲目的建设除了会阻碍信息化建设的发展脚步，还会造成资源的浪费。

2. 部分单位存在重纸质档案、轻电子档案的现象

在保险档案信息化建设中，数字化包括纸质保险档案在内的各种类型的保险档案是非常重要的一项工作。随着办公自动化程度的不断提高，各保险单位开始用电子保险文件代替纸质保险文件，这些电子文件的管理也是保险档案信息资源建设工作的一部分。但在保险档案信息化建设过程中，不少保险档案部门只着重处理纸质档案的数字化工作，对电子

文件的管理工作却视而不见。这种做法只会加重保险档案信息资源建设的负担，除了会浪费资源，还会减缓保险档案信息化建设的发展速度。

3. 保险档案信息资源建设缺乏统一标准

我国的保险档案信息化建设尚处在初级阶段，并没有健全的保险档案信息资源建设制度和标准。在开发保险档案信息资源的过程中，各地保险档案机关所用的软件、存储格式及其数据库结构等都是不同的，这不仅非常不利于共享保险档案信息资源，还让保险档案信息资源得不到充分的利用。

（二）保险档案信息化人才队伍建设面临的问题

部分保险机构在保险档案信息化建设过程中对保险档案信息化人才队伍建设的重视程度要明显低于管理应用系统建设和信息资源建设，这就会出现下列问题。

1. 保险档案管理人员知识老化、意识落伍

在各保险单位，很多保险档案管理人员都能够熟练掌握传统纸质保险档案的管理原则、理论和方法，但对电子文件却只是略知皮毛，这对保险档案信息化建设是非常大的阻碍；而新引进的专业人员尽管能够熟练掌握各种信息技术，但对保险档案管理的方法和知识却是一片空白。有的保险档案部门的管理员在现阶段既没有经过专业的档案管理培训，也没有系统学习过档案管理知识，只是依靠着简单的微机操作经验进行系统网络管理，这会在很大程度上延缓档案信息化建设的进程。

2. 保险档案管理人员信息化业务水平低下

在当下这个信息时代，无论是保险档案的记录方式还是载体形态都变得越来越多元化，保险档案的类型也逐渐多样化，除了有传统的纸质保险档案，还出现了声像保险档案和电子保险档案。此外，保险档案信息资源的开发也向着更深的层次发展。但现在大部分的保险档案人员在意识上依然比较落伍，他们仍在使用原始的手工操作档案的方式，对保险档案的信息化建设知之甚少，这对保险档案信息化建设的发展是非常不利的。

（三）保险档案信息化基础设施建设面临的问题

保险档案信息化基础设施建设面临的问题主要集中在以下方面：

1. 设备配置不合理

在保险档案信息化基础设施建设中，有些保险档案管理部门在没有经过实地的调查和分析就盲目地追求最先进的保险档案信息化基础设施，却忽略了设施的实用性，这不仅会让原本就不富裕的经费变得更加紧张，还会让资源得不到充分利用，这种现象在目前非常普遍。

2. 设施的共享程度低

保险档案信息化建设需要非常多的投入。因此，为了将经费花在刀刃上，除了要在内部设施和自有设备上下功夫，还要将注意力放在机构内部公共设施、设备的利用和共享上。但各保险机构内部基本都是互不干涉的状态，所以机构内部的基础设施无法得到最大程度的共享，因此常常会出现这样一种现象：同一个设备，在有些部门是闲置的状态，在有些部门则是紧缺的状态。

上述这些现象会严重阻碍保险档案信息化建设进程，为了让保险档案管理工作有更高的信息化水平，同时顺利推进保险档案信息化建设，必须杜绝以上这些现象的出现。

二、完善我国保险档案信息化建设应采取的对策

保险档案信息化建设是一个非常复杂的工程，因此在建设过程中会面临着很多问题，因此，为了顺利推进保险档案信息化建设，就要积极解决在保险档案信息化建设中出现的各种问题。

（一）加强保险档案信息资源建设的对策

在整个信息化建设中，保险档案信息资源建设是非常重要的一部分，因此，必须及时发现和解决保险档案信息资源建设过程中出现的各种问题。

1. 以保险档案信息资源利用需求为导向

在保险档案信息化建设中，保险档案信息资源建设是不可或缺的一部分，其作用是将各种各样的保险档案信息资源提供给用户。由于保险档案信息资源建设的目的是为广大用户提供更好的服务，所以用户需求才是保险档案信息资源建设的出发点。因此，为了真正落实保险档案信息化建设工作，除了要分析用户对不同保险档案信息资源建设项目的需求，

还要进一步研究项目的开发模式以及其所具备的现实意义,并以此为基础制订出详细的项目计划和统一的标准。

2. 重点做好保险电子文件的归档与管理工作

保险电子文件的归档与管理是保险档案信息资源建设过程中的重点。其原因主要有以下三点:首先,现阶段的保险档案数字化工作并没有统一的保险档案数字化技术标准可以参考,而且各单位所用的技术参数和文件格式也不尽相同,这非常不利于整合和共享保险档案信息资源。其次,已有的非数字化保险档案是保险档案数字化工作的主要对象,这是一个"存量"问题。但电子文件正随着办公自动化程度的不断提高而大量出现,这对保险档案数字化工作来说是一个"增量"问题。若对保险档案的"增量"问题处置不当,就会让"存量"问题更加严重,这会在很大程度上增加保险档案数字化工作的负担。最后,将保险档案信息资源建设的重点放在保险电子文件的归档与管理上,可以尽快落实各保险单位的文档一体化工作,从而加快保险档案信息化的速度。

因此,各保险档案管理部门之间要加强联系与合作,尽快构建完善的保险电子文件的归档与管理制度,为开展保险电子文件归档与管理工作保驾护航。

3. 及时制定标准规范,为资源共享打好基础

只有尽快构建完善的保险档案信息资源建设标准体系,制定和出台相关的保险档案信息资源建设标准和规范,才能在保险信息资源开发过程中让各保险档案部门之间加强合作,让信息在各部门之间实现共享和流通,从而杜绝信息孤岛和各自为营的现象。总的来说,为了给保险档案信息资源共享提供良好的先决条件,必须制定统一的保险档案信息资源建设标准。

(二)加强保险档案信息化基础设施建设的对策

基础设施与信息化建设质量之间有着密切的联系,若无法妥善处理基础设施建设中出现的问题,那么就会浪费资源。

1. 设施建设要立足整体规划并着眼于当前需要

一方面,在开展保险档案信息化基础设施建设工作之前,保险档案管理部门要从保险档案信息化建设的整体出发,对其进行科学、完整的规划,保证所有的设施和设备都可以

在保险档案信息化建设中发挥出应有的作用。另一方面，在基础设施建设的过程中，要从实际需求出发购买设施和设备，可以先不考虑购买非急需的设备和设施。同时，在购买设备的过程中要遵循适用的原则，不要只追求高精尖的设备，高性价比才是购买设备时要考虑的第一要素。尽管高精尖的设备在使用周期上有优势，但其高昂的价格会增加资金的压力。而且，科技的快速发展会加快技术的更迭速度，各种新技术会像雨后春笋一般出现。因此，适用的设备远比高精尖的设备更适合保险档案信息化基础设施建设。

2. 要重视部门间设施共享及旧设备的改造利用

在保险档案信息化基础设施建设过程中，改造和利用老旧设备以及部门之间的设施共享可以很好地节约资金。在进行实际操作时，除了要在内部设施和自有设备上下功夫，还要将注意力放在机构内部公共设施、设备的利用和共享上。此外，可以不急于淘汰能够在其他工作领域使用的设备。要将保险档案信息化建设的所有资金都花在刀刃上，这样才不会让保险档案信息化建设因为资金问题而延缓进度。

当前的保险档案信息化建设水平不尽相同，尽管已经取得了不少成就，但同时也出现了很多问题，当然，只有及时地发现和解决问题才能确保保险档案信息化建设的顺利推进。

第六章　社保档案数字化管理与智慧服务

第一节　社保档案数字化管理

随着数字化技术在档案管理领域的深度应用，社保业务经办机构利用数字化技术加强新时期社保档案管理，提升档案管理质量和效率，是做好对参保人员"记录一生、跟踪一生、服务一生、保障一生"的前提和基础。

社保档案是指社保业务经办机构在办理养老、医疗、失业、工伤、生育等社保业务过程中产生的具有保存价值的文件资料，通常包括参保登记、变更登记、注销登记环节填报的相关登记表单、审核材料，以及参保人员办理社保关系变动、基本信息变更等手续时所需填报的一系列登记表单，相关的审核材料等。随着数字化技术在档案管理领域的深度应用，社保业务经办机构利用数字化技术加强新时期社保档案管理，实现社保档案管理服务信息化、标准化、便民化，为提升档案公共服务能力、提高服务质量和服务效率提供基础保障。

一、社保档案数字化特点

（一）参保人员的流动性

各个行业和领域的人员都在社会保障的范围内。而且城市化进程的不断推进不仅为住房、就业和医疗等提供了更大的便利，还让异地养老、就业、医疗成为可能，这在很大程度上增加了参保人员的流动性，也让社保档案的存储、收集和管理工作变得更加困难。

（二）管理对象的社会性

社会保障是政府或国家根据法律规定，通过国民收入再分配，对暂时或永久失去劳动能力，或因其他因素导致生活困难公民的物质帮助，以保障公民基本生活的一项民生制度，本质上是要实现社会的公平性。随着社保制度改革，纳入社保管理对象的群体包括机关、企事业单位的职工，个体工商户及公民个人等，管理对象及管理功能社会性的特点越发明显。

（三）档案来源的广泛性

社保档案收集主要包括九个方面的内容，即社保管理类、养老保险待遇类、社保费征缴类、失业保险待遇类、医疗保险待遇类、社保业务统计报表类、生育保险待遇类、工伤保险待遇类和社保稽核监管类。社保档案随着社会分工的细化呈现出了复杂化和多样化的特征。

二、社保档案数字化意义

社保改革的不断推进让社保体系越来越完善。国家社会保险公共服务平台更是为社保信息全国联网提供了便利。此外，健全的社保业务信息系统也让社保档案实现了数字化管理。

（一）征管信息精准预测

社保档案中包含了文书类档案和九个方面的业务类档案，不仅有着丰富的内容，还有着庞大的体系。用数字社保档案代替传统的社保档案，可以科学地分析参保人员的参保时间、补缴信息、间断信息以及区域分布等信息。社保档案在当下随着国家社保公共服务平台的应用加快了数字化进程，这为社保基金征收实现应征尽征和应收尽收提供了强有力的支持。

（二）机构内控精细管理

在社保档案管理工作中，社保档案数字化管理是一个全新的阶段，它可以让社保档案管理紧跟时代的发展步伐。社保档案信息数字化可以完整地记录社保业务经办机构办理的所有业务和信息，相关部门可以通过这些数据信息进一步加强社保业务的管理，最大限度地避免出现各种违规现象。此外，社保档案数字化管理还发挥着监管社保机构的作用。

（三）业务办理事后监督

社会档案信息数字化不仅可以为社保工作的事后监督提供便利，还可以支持其进行预警防范。将社保信息监测点与失业、医疗、工伤、养老、生育等业务办理相结合，通过预设的规则就可以检测社保业务办理流程中是否存在不规范的现象，发现社保业务管理中存在的漏洞和问题。社保档案信息数字化非常有利于社保业务开展事后监督工作，它除了可以提高社保的工作效率，还能够保证其质量。

三、社保档案数字化现状

社保档案管理已经开始广泛地使用大数据和信息网络技术，因此，社保档案数字化管理已经成为一种发展趋势。各地社保部门在现阶段都陆续开展了社保档案数字化管理，相信在不久的将来，数字化的档案会完全取代传统的纸质档案，但在这个过程中需要解决的问题仍有很多。

（一）社保档案数字化基础工作薄弱

社保档案数字化管理必须达到标准化、规范化和信息化。但当前社保档案管理存在的问题主要有：各社保业务经办机构使用的软件各不相同，没有统一的社保档案管理软件；社保档案数字信息没有统一的标准和规范。这不仅会对社保档案数字信息的收集、鉴定、整理、著录、开发、保管、利用等环节产生影响，还会给社保档案的数字化扫描带来阻碍。

（二）社保档案数字化缺少顶层规划

社保档案数字化工作非常复杂，其中涉及很多的部门，这就意味着社保机构内的档案管理部门、社保业务经办部门和信息技术部门只有通力合作才能做好这项工作。但从当前的情况看，有的地区的社保档案数字化管理并没有完善的顶层规划和设计，其应用系统又缺乏足够的兼容性，所以导致其整体工作水平始终得不到提升。

（三）社保档案数字化安全保障较弱

相比于传统的纸质档案管理，社保档案数字化更容易遇到恶意访问、信息篡改、病毒攻击等问题，特别是随着信息网络技术的快速进步与发展，信息安全问题日益显露，这对社保档案数字化发展有着很大的不利影响。

（四）相关人员的数字化信息素养不高

社保档案数字化管理要求档案人员必须具备良好的数字化信息素养。但社保部门在当下可用的专职档案管理人员并不多，而且他们的专业水平也是参差不齐的，因此很难胜任档案数字化管理这项工作。

四、社保档案数字化对策

（一）提升档案规范化水平

因为社保档案归档工作拥有更加多样化的来源渠道和广泛的范围，在数字化管理方面存在很重的任务和要求。所以必须提高社保档案归档工作的标准性和规范性，对社保档案数字化业务部门的职责、数字化业务规范内容、数字化业务标准要求进行梳理和明确。要想实现这些工作要求和目标，务必要将专门的社保档案数字化工作领导小组搭建起来，对社保档案涉及的各个部门、各个方面的工作加强调度、指导和协调。还要与社保专业档案管理要求密切结合，对编目、利用、查询、收集、归档社保档案数字化等工作的具体规章制度进行制定，高效保障社保档案的数字化管理工作。

（二）丰富档案数字化内容

社保档案数据信息内容是社保档案数字化管理的重点之一，所以，要加强重视采集社保档案资料的数字化信息工作，及时利用数字化手段处理和转化包括录音、录像等在内的音视频资料、纸质的照片档案和资料，让社保档案的内容更加丰富多样，不断提高社保档案数字化管理的效能。如果有需要的话，还要加强与第三方专业机构的合作，让它们利用专业的数字化设备加工和扫描有一定存量的社保档案。除此之外，相关的专业部门要严格落实数字化要求和标准，收集和整理好新增加的社保档案的数字化信息和增量的社保档案数字化内容。

（三）增强档案数字化素能

为了促进社保档案数字化管理工作效能的提高，必须安排专门的档案管理人员负责管理工作，通过培训的方式让从业人员对大数据、计算机信息技术、社保业务知识、网络技术、云计算等加强学习和了解，增强从业人员的综合业务素养和技术水平。将更多的培训机会提供给档案从业者，组织优秀的档案管理人员开展实地参观学习、业务研讨等活动。还可以邀请社保领域优秀的专家开展讲座，促进档案从业人员数字化管理能力、专业化技术水平的不断提升。

如今我国的社保机制不断完善，而且在社保事业持续发展、社保行为规范化发展的过程中，社保档案特别是社保档案数字化管理工作的开展发挥了积极的推动作用。所以，相关单位要从思想层面加强对社保档案数字化工作的重视，积极推动互联网技术和信息技术在社保档案管理服务中的融合应用，将更多的财力和物力投入到社保档案数字化管理中，与时俱进，推动观念的革新，通过业务培训等多样化的方式促进社保档案数字化应用能力和水平的提高，将社保机制的社会功能和作用充分发挥出来，营造更加和谐、稳定、公平的社会氛围，推动人民群众幸福感、获得感和满足感的增强。

第二节　社保档案的智慧化服务

在社会组织及个人对社保档案服务需求与日俱增的情况下，社保机构基于智慧社保平台开展社保档案智慧化服务有重要意义。在社会需求的推动作用下，社保服务机构应积极依托智慧社保平台的大数据资源，通过对各类原始社保档案数据信息进行整序、著录与主体标引，并凭借社保平台档案信息个性化检索、数据序列化处理与分布式转换存储等数据挖掘技术手段，向社会相关组织及个人提供智慧化的档案服务，以提升我国"互联网＋社保"电子政务治理的现代化水平。

智慧社保概念最早基于智慧社保平台行业解决方案。该平台的核心构成为智慧社保单元与大数据单元。智慧社保单元依托泛在感知技术来动态遴选环境信息与实体数据信息，促进社保服务全面互联互通。大数据单元是智慧社保服务的关键支撑。运用大数据接入、存储、挖掘、共享、展现等技术及管理手段，不仅能够有效降低社保管理成本，亦能为用户提供个性化、订制化的社会保障服务。

一、智慧社保平台数据信息识别——社保档案服务的前端触角

感知能力是社保档案智慧化服务的首要因素，具体来说，该功能的实现要与大数据识别技术相结合，将管理识别、实体识别和内容识别等技术的作用充分发挥出来，推动智慧社保平台"数据池"信息立体化感知功能的高效实现。

（一）智慧社保平台数据信息整序

社保档案信息整序是促进档案信息数据从无序流向有序并实现信息数据流同步的有效手段。社保机构通过大数据信息感知技术对社保档案各类原始数据进行降维序化处理，可实现社保档案数据的统一识别。以参保人员的档案信息整序为例，通过引入智能识别电子技术，对各类实体及电子化社保档案数据信息进行智能编码，结合读写设备、接收终端、分拣盘点设备、无线访问节点与后台管理系统进行数据互联，可实现对参保人群在各险种间参保、缴费非结构化数据的识别，进而为创建社保变化轨迹标签提供依据。

（二）智慧社保平台数据信息著录

社保档案信息著录是辅助社保档案管理部门对档案数据信息进行差异化分析、选择和记录的关键举措。社保机构凭借大数据信息抽取技术将整序化数据转化为易于归档的标准语言，可将参保缴费率、保费欠缴情况、缴费基数等系统内外部数据进行智能化著录，为社保平台各类数据信息的主题标引提供支持。

（三）智慧社保平台数据信息主题标引

社保档案主题标引是实现社保数据在统一映射规则下转换的重要前置条件。通过数据信息主题标引，社保档案管理部门在管理权限和档案密级的控制内，可凭借大数据跟踪技术在社保档案用户数据库、管理数据库及网络数据库间架设数据联动通道，实现社保档案数据资源的网络化组织、保存与共享。以社保医疗保险待遇统计分析为例，档案主题标引能够从基金收入、支出、结余、监管、管理等多个维度进行综合考察，以实时监测医保基金的运行状况。因此，对智慧社保平台数据信息进行标引，是对社保档案主体数据库进行的二次开发与重组，可为后续处理单元及服务单元提供动态数据语料。

二、智慧社保平台数据的深度挖掘——社保档案服务的中转枢纽

智慧社保平台数据的深度挖掘能有效促进社保档案信息资源的共享与利用。依托社保档案信息检索算法、数据序列化挖掘与分布式转换存储等数据挖掘技术手段，能够有效拓展社保档案服务边界；基于对原始档案信息进行大数据清洗及过滤，提供涵盖社保人口数据、养老保险数据、医疗保险数据、失业保险数据与生育保险数据的综合统计分析与关联分析服务。

（一）智慧社保平台数据跟踪

社保机构通过数据检索算法，可将实体及电子化社保档案进行自动化聚类，并实时追踪定位。依托数据检索算法的社保数据跟踪能够自动检测档案数据的时效状态，疏通现存档案数据库间的信息阻隔，拓展各类社保档案数据信息的应用潜能。基于数据检索算法的智慧社保平台数据跟踪主要通过两类技术手段来实现：大数据过滤与智能 Agent 清洗。基于数据检索算法的大数据过滤技术能够有效针对社保参保人员的缴费、工资收入、权益保障等各类非结构化数据进行聚类分析，进而形成面向基金收支情况、参保覆盖率、养老保险支付、参保人员疾病与用药等各类具有一致性编码特征的连续型细分数据库。考虑到社保档案数据监管的现实必要，还应采取智能 Agent 数据清洗技术对医疗保险中的医保盗刷、养老保险中的保障金重复领取等安全漏洞进行智能化标签记录，进而跟踪满足征信条件的社保档案信息安全状况。

（二）智慧社保平台数据序列化挖掘

智慧社保平台数据序列化挖掘是实现社保档案服务中衍生性数据封装、转化和输出的重要介质。在社保档案数据深度挖掘过程中，一些具有相同著录、标引的元数据及小数据往往具有价值共性。将此类数据进行序列化处理，有助于社保机构优化管理决策。社保档案管理部门依托数据序列化手段能够将单个参保人员的就业状况、健康程度、生活质量及就业扶持等社保信息，按照参保人员个性化特征、行为特征及社会化特征进行排序聚类，能够进一步增强社保档案信息数据的价值密度和数据可用性。

（三）智慧社保平台数据分布式转换存储

随着社保档案数据挖掘服务中关键信息的 IP 转换和流动，由数据负载与数据噪声所引致的系统性风险越发显现。采用融合个性集成与集群存储功能的分布式存储转换技术能够对噪声数据进行删除并转化，有助于在异质性社保数据间架设防火墙、构建数据加密通道。如对工商、财税、食药监、银行等具有较大信息关联距离的社保档案噪声数据进行分布式存储处理，能够形成若干具有统一标准存储格式的数据分类体系。基于分布式转换存储技术对社保档案数据进行处理，能够凭借严密的全周期数据管控优势助力社保档案管理安全"跨越鸿沟"。

第七章 人事档案及其保管利用

第一节 人事档案的性质及特点

人事档案是在组织人事管理活动中形成的，经组织审查或认可的，记录、反映个人经历和德能勤绩的，以个人为单位立卷归档保存的文字、音像等形式的档案。简而言之，人事档案是记录和反映个人德能勤绩等综合情况的、经组织认可归档保存的档案。

根据上述界定，人事档案主要有以下几个含义。①人事档案的属概念。人事档案的属概念是档案，也就是说档案是人事档案的上位概念，人事档案是档案中的一种专门档案。认为它的属概念是材料，是历史记录都不够准确。②人事档案的本质。人事档案的本质是人员经历和德能勤绩等原貌，而不是其他方面。③人事档案的记录材料。人事档案的记录材料即载体形式包括文字、声音、图像、照片等，由此形成了不同载体类型的人事档案。

一、人事档案的基本性质

性质是事物的本质，人事档案的性质就是指人事档案的本质。根据人事档案的界定，人事档案是国家档案的重要组成部分，具有一般档案的共性——原始记录性。但人事档案又具有个性，主要表现在以下方面。

（一）集合性

集合性是人事档案的基本性质。在特定原则的指导下，采用专业的方法，将个体在不同时期的政治面貌，以及在不同单位学习或工作的经历和奖惩情况，记录成卷形成个人档案。这种人事档案的内容只能记录与当事人相关的所有材料，不能夹杂其他无关人员的证明材料，不能分解和割裂当事人的材料，更不能将当事人的材料分散给不同的部门，由此确保个人档案的完整度。如果将当事人的材料分散到不同的部门，一旦有组织和单位需要或想了解当事人的具体情况，要调取完整的档案，就好比大海捞针，非常困难，不但需要耗费很多的时间和精力，且效率低下，很难完整地找到整个材料，还有的甚至会遗漏重要材料，进而影响使用。所以，人事档案属于集合性材料，需要能完整地反映当事人的全部真实情况，应该集中管理。

（二）专门性

人事档案是一种专门性的档案。人事档案的专门性不仅体现在档案的名称和形式相对固定，并且载体特殊、自成体系，而且体现在档案的内容相对专业，主要是人事部门常用的员工登记表与考核材料，以及组织部门出具的员工培养与考察文件等。由此可知，反映人事管理情况与组织评议情况的人事档案，在形式与内容方面，都表现出鲜明的专门性。

（三）真实性

人事档案的真实性具有特殊意义，其定义是文件的形成需要具备真实性，内容需要具备准确性，只要是最后归档的材料，都必须保证真实性。这也是人事档案可以全面、客观地反映一个人真实面貌的最根本原因。人事档案离不开真实性，真实性是人事档案发挥作用的重要前提和基础。人事档案和一般档案的真实性并不相同。一般档案从总体上来说是原始记录，是较真实可靠的，但并不等于档案内容是真实的或正确的。即使有些档案内容不真实或不正确，它还是表达了形成者的意图，留下当事人行为的痕迹，反映了当时的情况，仍不失其为原始记录被保存下来。不能因为内容虚假和诬蔑不实的材料，就全部剔除并予以销毁，人为地造成历史上某一阶段或侧面的史料的空白。

（四）现实性

组织部门培养和选拔的人才，经由人事部门聘用，成为走上工作岗位从事生产活动的合法员工。在劳动过程中，员工的奖惩情况全部记录在册，归档标记为值得保存的有价值的文件材料，这些文件材料由部门负责人查验无误以后，将被存入人事档案，作为市场经济条件下，其他单位了解、考察这些员工的重要参考依据。由此可知，人事档案具有显著的现实性，是人事管理活动正常开展的前提与基础。

（五）机密性

人事档案记载的个人情况，综合反映了个体的政治面貌以及个体参与社会活动的经历。这些以单个的社会成员为单位，编卷保存以备查阅的原始记录，既包含个人隐私，也涉及保密信息。无论是国家机关，还是能够代表国家机关的社会组织，在本质上都属于人事档案的保管者，主要是为了防止个人权益与国家利益受到非法侵害。在我国，只有组织部门和人事部门的工作人员，在获得合法批准的情况下，可以查阅人事档案中的个人信息。社会上的知名人士、科学家和领导干部的人事档案内容机密性更强，个人不能随意公开、传播、扩散。

（六）权威性

根据上述内容可知，人事档案具有认可性、真实性等特征，所以，人事档案内容的权威性较强，只有查阅人事档案才能最真实地了解一个人的面貌，这也是了解一个人最可靠、最权威的方式。特别是干部档案材料都是严格按照中央组织部颁发的《干部人事档案材料收集归档规定》的范围和要求建立的，须经组织人事部门审查认可、审查机关盖章，也需要本人签名盖章后才能归入人事档案中，不能随意填写和私自放材料到人事档案中，因而，干部人事档案材料一般都比较真实可靠，具有较大的权威性。

二、人事档案的特点

伴随着社会主义市场经济的发展与繁荣，我国的人事制度改革平稳推进，带动了人事档案的推陈出新和与时俱进。在认真总结、科学分析现代人事档案特点的基础上，开展人事管理工作，能够取得更加理想的效果。

归纳起来，现代人事档案主要有以下特点。

（一）人事档案内容更加丰富全面

现代人事档案的诞生，与市场经济环境密不可分。在集体观念至上的政治环境中，人事档案主要记录个体的基本情况，如思想政治品德和家庭社会关系等。重视个人意识形态、轻视个体现实表现的传统人事档案，越来越无法满足市场经济对人才的需求。在这种情况下，人事档案开始偏重于记录个体的工作业绩、业务能力和技术专长等信息。面对内容丰富、信息全面、结构复杂的现代人事档案，历史的、抽象的因素逐渐被现实的、具体的因素所取代，个人的学习与工作经历、政治面貌等，已经不再是人事档案唯一收录、记载的内容，个体的专业特长、职务级别、考核与评价结果、发明与创造能力、综合素质与文化修养等，都是人事档案记录、编卷的内容。结合社会主义市场经济与现代人事制度的最新趋势，开展人事档案管理工作，必须提高人事档案材料归集的实效性，有序扩大归档范围，尽量做到真实、全面地反映个体的政治面貌、业绩水平和业务能力，从而为人才资源的开发与利用奠定坚实的基础。

（二）干部档案是人事档案的主体

在国内推行公务员制度以前，凡是取得大专以上学历的毕业生，无论被分配到何种性质的工作单位，都被统称为国家干部。因此，我国传统意义上的人事档案主要是指干部档案。随着现代社会职业属性的边界变得日益清晰，传统的干部称谓正在发生改变。在党政机关工作的干部，被称为国家公务员；在医院工作的干部，被称为医护人员；在学校工作的干部，被称为教职工；在科研院所工作的干部，被称为研究员。当今社会组成国内干部队伍的国家公职人员，是我国人事档案管理工作服务的主体。根据国家党政机关用人制度开展人事管理工作，继续使用传统的方法，既不现实也不科学。只有从现代化、制度化和规范化的角度出发，处理好国家公务员档案的管理工作，为其他类型的人事档案管理工作提供参照标准，才有利于人事档案的长远、健康发展。

（三）流动人员人事档案规模逐渐增大

中华人民共和国成立以后，开始走上计划经济体制的轨道。人才作为特殊存在的经济资源，必须努力避免使用的盲目性和不确定性。受到社会发展条件的限制，个体通常无法自由选择职业、专业，以及学习、生活与工作的单位，一切都要经过组织安排、领导批准。受户籍制度与人事档案转入、转出规定的限制，人才流动需要克服各种阻力。由于专门保管流动人员档案的机构尚未成立，流动人员的档案只能随人转走，或者得到特批后继续存放在原单位。

20世纪90年代，社会主义市场经济体制建立以后，为了发挥人才的最大价值，国家变革了户籍制度与人事档案管理规定，人才可以实现自由流动与公平竞争。数据显示，在人才流动服务机构登记的流动人员，总数目前已经超过千万，新增登记人数屡次刷新历史记录。为了考察流动人员的学习与工作经历、实践技能与思想品行，用人单位可以申请查阅流动人员的档案，据此了解应聘人员的真实情况。与实行计划经济体制的时代相比，在市场经济的社会环境中，流动人员的档案不仅数量众多，而且规模庞大、自成体系。负责专门管理流动人员档案的工作人员，必须认清这类档案数量日趋增多的现实形势，及时调整管理思路，做好流动人员档案的管理工作。

除了在人才流动服务机构工作的档案管理人员需要及时掌握国内最新发布的有关流动人员人事档案的政策法规和管理条例以外，其他企事业单位的档案管理人员也应该及时了解国内流动人员人事档案的最新管理办法，按照规定妥善做好相关人员人事档案的转移工作。

（四）高校及企业人事档案中个人身份逐渐淡化

在社会主义市场经济体制建立以前，人事档案的管理工作必须遵循严格的等级制度规范。干部的行政级别不同，管理干部档案的机构也存在差异。处级以上干部的人事档案，由组织部管理；处级以下干部的人事档案，由人事部管理。这种档案管理的传统，一直延续到计划经济体制的终结。

随着社会主义市场经济体制的建立，高校与企业通过变革用人制度，开始逐渐地破除干部本位制思想的束缚。人事代理制度的完善与劳动合同制度的推广，为逐渐淡化政治身份的个体提供了均等的职业发展机会。在充满多元性、不可预期性的后现代主义社会，干部身份的界限正在变得日益模糊，按照行政级别管理干部的人事档案，已经失去了现实意义。部分企业开始设立综合性的档案管理机构，主要负责职工档案的集中管理。

高校的人事档案种类繁多，按照教职工的不同身份分别管理难度较大。人事制度的现代化发展，要求高校必须充分利用完整归档的各种人事档案，切实提高人事档案的管理水平。在这种情况下，高校人事档案管理部门的工作人员已经开始意识到严格按照教职工的身份等级分别管理人事档案的劣势与不足，主张从人才资源整体利用的角度出发，积极发挥教职工的人事档案在应用集中管理方式时体现出的各种优势，确保每位教职工的人事档案都能做到归档齐全、收录完整，既没有出现重复编号的现象，也不存在遗漏证明文件的问题，真正做到高校人事档案的标准化、现代化、规范化管理，避免重复劳动，节约物力资源，既方便其他部门检索、利用高校教职工的人事档案，又能提高人事档案管理机构的管理水平。

（五）人事档案的作用范围更广

受社会生产力发展水平的限制，传统的人事档案主要为党政机关服务，服务对象极为单一，服务范围比较狭窄。在当时的社会背景下，只有党政机构的组织部有权查阅个体的政治面貌、行为表现、家庭背景和社会关系等信息。

进入21世纪的现代社会以后，企事业单位在聘用人才时，也需要查阅应聘者的人事档案，了解应聘者的学习与工作经历、政治面貌、业务专长和技能水平等真实情况，从而确定是否录用应聘者。在社会主义市场经济条件下，人事档案成为个体证明自身价值、反映成长历程的现实依据，是个体切身利益的具体呈现，无论是职称评定还是工资晋级，人事档案都是个体自我提升的重要凭证。对于离职以后寻求崭新发展机遇的个体来说，人事档案发挥着其他文件并不具备的核实作用与验证功能。

第二节　人事档案的类型及形成规律

一、人事档案的类型

人事档案是一种专门档案，属于国家档案资源的重要组成部分。就其本身而言，又可以从不同角度细分为不同的类型。

（一）人事档案分类体系的原则与标准

对于现代人事档案的认识可以从宏观和微观两个角度出发。宏观角度上的人事档案分类主要指的是整个国家人事档案信息的整体分类与管理，具有一定的高度与综合性；微观角度上的人事档案分类主要指的是根据档案的内容和成分，将人事档案分成不同类，该类别构成了一个有机的整体，具有一定的具体性。

1. 人事档案分类体系建立的原则

宏观管理体系和微观管理体系在分类方法上的宗旨是一样的，也都遵循相同的原则，即科学性、统一性、逻辑性、伸缩性和实用性等。科学性强调的是以科学分类要求为依据的排斥性，上下位之间形成隶属关系，同位类之间形成互相排斥的关系，分类是否科学对工作中的其他环节将产生很大的影响。一旦分类出现不严谨的情况，那么很多问题都将模糊不清、交叉混乱，这就为管理工作带来了极大的难题。统一性是说在同一类系统之中，划分等级的标准必须保持前后一致，而不能前后采用两种不同的标准。逻辑性是说在划分之后，下位类之和与上位类之和要相等，同时子类应互相排斥。伸缩性指的是为适应具体情况的变化，分类方案中既可以增加项目也可以减少项目。实用性指的是该分类要符合实际工作和人事制度的要求，具有可行性。

2. 人事档案分类体系建立的标准

人事档案是档案中的一类，同时它也可以划分为不同类型。目前，最主要的划分标准包括以下几种。

第一，按工作单位的性质，可分为党政军机关人事档案、企业单位人事档案、事业单位人事档案、集体单位人事档案、流动人员人事档案。继续细分，党政军机关可分为党委机关、政府机关和军事机关；企业单位可分为工业企业、农业企业、商业企业，亦可分为国有企业、外资企业、合资企业、民营企业；事业单位可分为学校、医院、新闻单位、研究所、文艺单位、体育机构等。

第二，按职责和专业，可分为国家公务员档案（含比照公务员管理的单位、人民团体工作人员）、专业技术人员档案（包括工程技术人员、农业技术人员、科学研究人员、卫生技术人员、教学人员、会计人员、统计人员、编辑与记者播音人员、翻译人员、体育教练人员、经济人员、图书档案资料人员、工艺美术人员、文艺人员等14类专业技术人员）、职工档案、学生档案等。

第三，按人员管理的权限，可分为中央管理人员档案、省（市、自治区）部管人员档案、市（地、州、盟）厅（局）管人员档案、县管人员档案、乡（镇）管人员档案、厂管人员档案等。

第四，按职务级别和专业技术职称，可分为高级人员档案（高级干部、高级职称等）、中级人员档案、初级（一般）人员档案。

第五，按人员政治面貌，可分为中共党员档案、共青团员档案、非党团人员档案或民主人士档案、无党派人士档案。

第六，按是否在岗的情况，可分为在岗人员档案、待岗人员档案、下（离）岗人员档案、离退休人员档案等。

第七，按照工作单位的稳定性与流动性，可分为工作单位固定人员档案和社会流动人员档案。

第八，按载体形式，可分为纸质人事档案、磁质人事档案、光介质人事档案、电子化或数字化人事档案等。

另外，按影响程度可以分为名人档案（著名政治活动家、著名科学家、著名演员、著名运动员）、一般人员档案。还可以从另外一些角度，按不同标准进行分类，常用的、实际意义较大的主要是以上这些。

总之，掌握这些分类方法，可以了解各种人事档案的特点，对于做好人事档案工作是很有必要的。因为，虽然各类人事档案从大的内容来看是一致的，所记录的都是个人情况、社会经历、具体表现等人事管理方面的内容，但是，不同的工作性质下的人事档案内容差异十分巨大，因此，应根据具体特点有针对性地归类，形成具有不同特色的分类体系。此外，分类管理人事档案对于建立个人信用体系也十分有利。因为，各级领导和国家公务员的档案由各级组织、人事部门建立并管理，公共信用体系的流动人员档案由县级以上政府机构所属的人才交流机构建立并管理，这就大大提升了人事档案的权威性与可信度。对于科技人员、一般员工的档案由用人单位建立并管理，也具有很大的可信度。这部分档案大多以本单位职工的考核、使用、薪酬、奖惩等为主要内容，不需要转递，也不进入社会，由原单位自行保存若干年后销毁。

上述类型中，国家公务员档案、科技人员档案、职工档案、学生档案、流动人员档案各有特点，且使用频繁。

（二）人事档案与其他类型档案的比较分析

人事档案是整个档案家族中的一员，与其他档案在本质上是相同的，都是原始记录。特别是与文书档案、案件档案、诉讼档案、业务考绩档案等关系更为密切，甚至你中有我、我中有你，有时难以区分，造成归档材料重复，影响其他档案材料的完整性和提供利用，因而必须正确认识与处理人事档案与其他类档案的关系。

1. 人事档案与文书档案的关系

文书档案来源于文书。文书是国家机关、社会组织及个人在社会活动中，为了表达意图、进行联系和作为凭据而形成和使用的各种记录材料，它有待于转化为档案；而文书档案是处理完毕确认值得保存以供社会查考利用的、保存在特定档案机构的文书的总和。从文书向文书档案转变的过程可以看到，文书档案是国家机关、社会组织及个人在社会实践活动中直接形成，保存备查的一种普通档案。

将上述认识和人事档案进行深入对比分析不难发现，人事档案与文书档案既有联系，又有区别。

人事档案与文书档案的联系主要表现在以下两个方面。第一，来源相同。两者都来源于机关、组织、个人的社会实践活动，不少材料互相交织，联系十分紧密，例如，人事档案中的考核、入党入团、奖惩、任免等方面的材料，都与文书档案有着错综复杂的关系。第二，本质相同。都是原始记录，也都是国家档案资源的组成部分。

人事档案与文书档案的区别主要表现在以下四个方面。第一，内容不同。人事档案内容专指性强，必须是同一个人的有关材料，反映一个人的历史原貌。文书档案内容十分广泛，涉及机关、组织及个人的方方面面，反映一个机构、一个组织的历史原貌。第二，管理方法不同。人事档案的整理以个人为单位组合成专门的保管单位，卷内按十大类排列，由各单位的组织、人事、劳动部门的人事档案管档单位长期保管，直到人员去世后，有继续保存价值的，才向档案馆移交。文书档案的管理，首先须区分全宗，全宗内档案往往按年度组织机构、组织机构年度、年度问题、问题——年度四种分类方法进行分类，再按问题、时间、名称、作者、通信者等特征排列或组"件"。第三，保管期限不同。档案材料根据其价值，划分为永久、长期、短期三种保管期限，或永久、定期两种保管期限。各单位的档案保存在各单位档案部门，有长久保存价值的，定期向档案馆移交。第四，作用与服务方向不同。人事档案主要为考察选拔人才、使用培养人等方面提供依据，为组织、人事、劳动工作服务。一般只供本机构或上级组织、人事、劳动部门使用，封闭期较长，一般在本人去世若干年后才能开放。文书档案形成后一定时期内主要为本单位各项工作提供服务，文书档案中涉及个人的有关材料不能作为考察、使用人才的依据，自形成之日起满30年一般都要向社会开放，为全社会服务。

总之，文书档案保存的文件材料非常广泛，凡有查考价值的，无论是正式文件，还是会议记录、调查材料，是历史的还是现实的，是正确的还是错误的，都需要完整齐全地保存下来。人事档案只要求保存内容真实、手续完备、结论性和概括性材料。

2. 人事档案与案件档案的关系

案件档案是指纪检、监察部门对党员和其他工作人员违犯党纪、政纪进行审查、处理活动中形成的，以案件为单位集中保存的一种专门档案。案件办理一般分为立案、办案、结案三个阶段，形成大量的文件材料，需要归档的主要有立案根据、立案检查的核实材料、调查报告、调查证明材料、本人检查交代材料、处分决定或批复、申诉复议结论等。

案件档案材料中有些材料需要归入人事档案中，两者的联系主要是本质相同、保管单位相同、内容有交叉，都是记载个人情况，以个人姓名为特征组成保管单位。

人事档案与案件档案的区别表现在以下三个方面。

第一，保管范围不同。从某一个人的角度来说，人事档案内容是全面的，案件档案是部分的。人事档案是人员全部历史、全面情况的记录，而案件档案只是一个人部分情况的记录，具体是指人员某一方面、某一行为的一次性、一事性的，从问题发生、调查、处理到、结果的详细情况的记录；人事档案是组织上选人、用人、育人等人事工作的产物，案件档案是对人员因违反党纪、政纪进行审查、处理工作活动的产物。从某一个人、某一事件的查处材料来说，人事档案内容是不全面的，案件档案内容是全面的。人事档案只收集保存案件档案中的处分决定和检查交代等部分材料，案件档案内容则是全面的，包括案件从检举揭发、调查取证，到处理结果全过程的所有材料。

第二，保存原则不同。人事档案部门只保存案件材料中的结论性材料，纪检、监察部门是将工作中形成的、日后需要查考的全部案件档案材料保存下来。

第三，作用不同。人事档案是供考察了解人才使用的，案件档案是供研究案件时，起查考、凭证作用的。

3. 人事档案与业务考绩档案的关系

业务考绩档案是专业技术主管部门或业务技术管理部门在工作活动中形成的，记述和反映专业人员个人业务能力、技术水平，以个人为单位集中保存起来的专门档案。

人事档案与业务考绩档案的联系表现在属性相同，都是个人档案。两者的区别主要体现在以下三方面。①内容侧重点不同。业务考绩档案着重反映个人科学技术水平和业务能力，属于专业的方面，是局部性的，比较单一和具体。人事档案是对一个人全面的、概括的记录。②管理部门不同。业务考绩档案由专业技术主管部门或业务技术管理部门保管，而人事档案则由组织人事部分保管。③使用范围不同。业务考绩档案服务的面比较宽，除党政领导和人事部门查阅外，业务、技术负责人，学术、技术团体，业务、技术考评组织等都可使用。

综上所述，人事档案与文书档案、案件档案、诉讼档案、业务考绩档案具有密切联系，又有一定差异。根据各自特点，细化归档范围，做好协调、加强联系，对于做好各类档案的管理与利用具有重要的意义。

二、人事档案的形成规律

人事档案的形成规律主要表现在以下方面。

（一）人事档案是各级组织在考察和使用人的过程中形成的

人事工作以"用人"为核心，要做到知人善任。首先是"知人"，要做到这一点，应采取多种方式，定期通过本人或单位其他相关人了解该人的历史及现实情况。具体来说，通过本人了解的方式包括填写一系列表格（履历表、鉴定表等），上交各种总结报告（工作总结、思想汇报等）；通过他人了解的方式包括向领导或相关部门索要证明材料，通过电话等进行背景调查，在了解完情况、收集完资料后，以实际情况和当时政策为依据做出恰当的结论或处理决定。此外，组织对个人考察的过程中和用人过程中必定会生成一定的资料，职位任免与晋升、工作调动、出国留学考察等必定要经过一定的手续，这样就会产生审批表、呈报表等材料。以上全部材料共同构成了人事档案材料。

此外，一些专业人员在科研工作或者学术活动中会撰写论文、学术报告，也会出版一些著作，这些虽然具有很高的价值，但是由于不是在考察和用人过程中产生的，因此就不属于人事档案的范畴。不过，利用论文、报告、著作等材料的目录能够了解一个人的业务方向和水平，在一定程度上为选人和用人提供十分重要的依据，因此目录可以作为材料归入人事档案。

（二）人事档案以个人为立卷单位

以个人为立卷单位，是人事档案的外部特征，这是由人事档案的作用决定的。人事档案是一个组织了解人、任用人的主要依据，是个人经历及德能勤绩等情况的全面记录。只有将反映一个人的详细经历和德才表现情况的全部材料集中起来，整理成专册，才便于历史地、全面地了解这个人，进而正确地使用这个人。如果某单位将某一个新近填写的履历表没有归入其人事档案中，而是以科室为单位装订成册，这种合订本不应称为人事档案，因为它不具备按个人为单位来立卷的属性。这种做法会影响对一个人的全部了解。

（三）人事档案按照一定的原则和方法进行加工整理

按照一定的原则和方法对个人材料加工整理，是个人材料转化为人事档案的先决条件。因为人事档案是经过加工整理的个人材料。个人材料如同一堆原材料，人事档案则是通过一定的人的劳动将这部分原材料进行加工整理，使其不再是一堆繁杂无序的材料，而成为有一定规律的科学的有机体。当然，在这个加工整理过程中是需要遵循一定的原则和标准的，如中共中央组织部和国家档案局颁发的《干部档案工作条例》，把干部档案工作的理论与实际工作的具体情况相结合，对干部档案工作的原则、要求和办法，做出了明确具体的规定，是干部档案工作的根本法规性文件。这些原则、要求和办法，一般均适用于其他类人事档案的管理工作，也是人事档案管理工作的根本法规。依照这个《干部档案工作条例》的原则和精神，可以使整理的档案科学、实用，更好地为人事工作服务。

（四）人事档案是手续完备并具有价值的个人材料

手续完备是人事档案的必备要求，它指的是按照规定的手续进行人事档案的交接及处理。手续不全是人事档案日常工作中经常遇到的问题，比如：有的履历表虽然填写好了，但是并没有签署或盖章；有的呈报表虽然填写了呈报意见，但是没有批准机关的意见；有的处分决定只有处分内容而没有审批意见等。遇到这样的问题非常棘手，因为这些材料虽然具有一些人事档案的性质，但其实是不完整、不可靠的，严格说不能算作人事档案材料或还未转化为人事档案材料，也不能作为考察和用人的主要依据，通常只能作为备查资料或者用来反映工作承办过程。手续不全的材料中有的可以补办手续，有的不可以，比如有的材料事实上已经审批过，但是由于办事人员个人业务能力不足造成没有签署和盖章的就可以补办手续，完成补办后，该材料也就完成了向人事档案的转化。除此之外，对于一些有历史意义、特殊价值的人事档案材料，比如形成于战争年代的，不能一概而论，这些材料虽然很可能没有完备的手续，但是由于具有的价值很高，是宝贵的历史资料，因此，仍然可以将其归为人事档案。

需要强调的一点是，有些个人材料虽然已经具备了完整的手续，但仍然不能确定属于人事档案，手续完备只是成为人事档案的必备条件之一，是否能最终转化为人事档案还需要对材料的价值进行判断。人事档案的价值包括使用价值和保存价值，一定要对材料进行严格的鉴别与判断，将有保存价值和使用价值的材料留下，没有价值的材料去除，做到精练实用，这也是人事档案材料的基本要求之一。举例来说，与调查无关的证明材料、重复多次的证明材料，都属于不具有保存价值和使用价值的材料。虽然这些材料也形成于考察和用人的过程中，是真实的、手续完备的，但从价值的角度来看，如果将其归入人事档案，那就是对资源的浪费。

（五）人事档案由各单位组织人事部门集中统一保管

通常来说，人事档案形成于对人的考察与用人过程中，人事档案最主要的作用是为组织记录和提供相关情况，而这些内容通常只由组织掌握，从而避免因泄露扩散而产生的不良后果。此外，人事档案作为人事工作的重要工具，必须由人事部门集中统一保管，任何个人和行政等其他部门均不能保管人事档案。

人事档案的上述形成规律是互相联系、互相制约的，同时，它们又是识别和确定人事档案材料的理论依据。

第三节　人事档案工作与人员分析

一、人事档案工作的基本理论

人事管理过程中人事档案管理展现出了两个特性：一个是结果性；另一个是前端性。首先，结果性主要体现在人事档案会记录各种人事管理的具体结果；其次，前端性体现在人事档案会为其他人事管理工作的开展提供信息支持及信息依据。综合来看，人事档案管理工作是非常重要的，人事档案管理在人事管理工作中发挥着承上启下的作用。

（一）人事档案工作的内容

1. 人事档案实体管理工作

人事档案实体管理工作是对档案原件进行管理和记录的工作，人事档案实体管理工作和人事档案信息管理工作是两个相对的工作概念。人事档案实体主要涉及信息的具体载体及档案内容信息两个内容。载体指能够记录档案内容的相关物质材料，如纸质材料、光盘材料；内容信息指载体中涉及的具体档案信息、档案内容。人事档案实体管理工作就是指对上述档案的收集与补充、鉴别与鉴定、整理与保管、变动登记与转递、提供利用服务等。

2. 人事档案信息管理工作

人事档案信息管理工作是指管理人事档案原件实体上记录的信息。显然，随着各种人事档案管理信息系统的开发与应用，人事档案信息便脱离了人事档案原件而存在，并以此为依据对个人的基本情况、培训情况、证照情况、学习培训情况等进行综合管理。随着现代信息管理理论与信息技术的发展，人事档案工作中也越来越多地需要对人事档案实行信息化管理，对人事档案实体上的各类信息可以根据不同需要进行重新组织，便于从不同角度进行检索利用，这已成为人事档案工作的重要内容之一。

3. 人事档案工作业务指导与研究

人事档案业务指导工作指的是上级人事档案部门按照国家人事档案管理的相关规定，对所属的下级档案部门所提出的档案管理方面的要求。上级人事档案管理部门需要监督下级人事档案部门工作的开展，督促下级人事档案部门快速推进工作，处理人事档案管理工作中的相关问题，保证人事档案工作的稳定有序开展。

人事档案业务研究工作是指组织、人事部门根据社会发展和人事制度改革的进程，对人事档案工作面临的新情况、新问题，进行深入研究，提出解决方案的工作。人事档案工作中的矛盾，管理体制改革，如何实现人事档案现代化管理，如何开发与利用人事档案信息资源，如何使人事档案管理工作逐步走向科学化、规范化、法制化道路等问题都是人事档案工作中亟待研究的问题。而且这些问题与矛盾是需要长期研究的，旧的问题与矛盾解决了，新的问题与矛盾又会产生，人事档案工作就在这种矛盾运动中不断得到发展。

4. 人事档案规章制度建设

在制定人事档案工作的制度或规章时，需要参照档案法中的相关规定，在此基础上制定出适合本单位开展人事档案工作的制度。具体来讲，人事档案规章制度涉及的内容有工作人员管理制度、材料收集制度、材料归档制度、整理制度、材料转递制度、材料统计制度、材料销毁制度及材料的开发利用制度、借阅使用制度。

5. 人事档案人员教育与培训工作

人事档案人员教育与培训工作指与人事档案岗位工作人员教育及培训有关的工作。教育和培训涉及岗前教育，也涉及在职教育。通过教育和培训，人事档案管理工作人员的工作技能水平会有一定的提升。

（二）人事档案工作的要求

人事档案管理工作的开展需要遵循档案管理工作开展的基本原则。具体来讲，有以下三个原则。

第一，对人事档案统一进行集中管理。我国开展人事档案的时候遵循的是集中统一管理的制度。也就是说，某一个单位中的人事档案需要由档案管理部门统一保管，集中管理。单位内部各个部门形成的与人事有关的档案都需要上交到人事档案管理部门，由该部门的工作人员进行档案鉴别工作、档案立卷工作。在集中统一原则的要求下，单位内部各个部门不能保管自己部门的人事档案，人事档案的管理权利只能属于单位的人事档案管理部门。

第二，必须保证人事档案的完整、真实及安全。人事档案管理部门开展工作时必须遵循人事档案管理的规定，要严格鉴别材料，保证材料是完整的、真实的。并且，保证材料的存储空间是安全的。还要遵循保密要求，加强对档案的技术管理、技术保护，避免档案受到不同程度的损坏。

第三，人事档案应该为其他工作的开展提供支持和服务。人事档案最主要的目的就是为其他工作的开展提供资源支持，人事档案应该以为其他工作的开展提供服务为基本工作思想。所以，人事档案管理工作需要为本单位其他方面工作的开展提供支持，积极配合其他工作的开展。

二、人事档案工作人员分析

（一）人事档案工作人员的素质

人事档案工作是一项政治性、专业性很强的工作，尤其是在人员流动频繁的情况下，人事档案查阅利用需求更多、更广，人事档案的服务性更加突出。这就要求人事档案工作人员不仅要具备较好的政治素质，还应具有过硬的业务水平，努力提高服务质量。

第一，政治素质。热爱档案事业，勤奋工作，熟悉国家政策、法律法规和规章制度，坚持原则，保守机密。

第二，专业素质。从事人事档案管理工作的人员应该掌握人事档案工作所要求的业务能力、专业知识，人事档案工作人员不仅要了解本单位各个部门的人员构成，还要了解本单位的发展历史、发展背景、当下的发展现状。在此基础上，运用自身的档案专业知识开展一系列的人事档案管理工作。人事档案管理工作人员只有专业基础知识扎实、业务技能水平高超，才能妥善处理人事档案管理工作中的问题。

第三，相关素质。人事档案工作人员应该学习其他方面的知识，提升自己的管理能力，举例来说，人事档案工作人员应该了解人事管理知识、历史知识及现代化管理设备，这样人事档案工作人员开展工作的时候才能与时俱进，才能更好地借助计算机的帮助处理档案信息，让人事档案管理工作也迈入现代化的管理阶段。人事档案管理工作的现代化发展可以让人事档案管理部门更好地发挥它对其他工作的支持、服务作用。

（二）人事档案工作人员的岗位职责

第一，严格遵守《中华人民共和国档案法》《干部人事档案工作条例》等法律规定和保密制度，做好人事档案的安全、保密、保护工作。

第二，收集、鉴别和整理人事档案材料。

第三，保管人事档案，为人事工作提供优质服务。

第四，按相关规定为有关部门提供员工的档案信息，办理查阅、借阅等利用业务。

第五，做好人事档案的接收和转递工作，确保人档统一。

第六，对人事档案状况和工作状况进行登记和统计，通过调查研究，制定相应的规章制度，推进人事档案工作的现代化、规范化和信息化。

第四节 人事档案的保管和利用

一、人事档案的保管

人事档案属于物质的一种，也会经历产生、发展以及变化、消失的历程。自然因素或者社会因素会影响人事档案的存储，严重时可能会导致人事档案的毁灭。开展工作需要利用人事档案，所以，档案管理机构必须使用有针对性的措施管理人事档案，维护人事档案，保证人事档案的长久可持续利用。

（一）人事档案保管的基本认识

1. 人事档案保管的意义与地位

一方面，组织机构开展人事档案工作需要以人事档案保管工作为基本前提，只有做好了人事档案保管工作，后续的相关业务工作才能稳定有序开展。如果人事档案无法做到安全保管，经常被损坏，那么人事档案的工作就没有了工作基础，自然而然也没有办法持续开展。

另一方面，人事档案保管工作不能离开其他业务工作而独立存在。如果没有收集工作，保管就没有了工作对象；如果没有鉴别工作，良莠不齐、臃肿庞杂，有价值和无价值的混在一起，保管条件难以改善，安全也没有保障；如果没有整理工作，杂乱无章，缺乏条理和系统，保管工作就会困难重重；如果档案没有做好有效转递，人和档案处于分离状态，那么，即使档案被保管也没有办法发挥作用。与此同时，在档案的转递过程中必须做好档案的收集工作、整理工作，这样才能避免档案磨损、档案丢失或者档案泄露。也就是说，档案保管工作必须贯彻落实于各个环节，在开展每项工作时，都需要注重档案的安全防护。

2. 人事档案保管的基本任务

任务一：避免人事档案出现损坏的情况。人事档案属于物质的一种，它的存在会受到温度因素、湿度因素、光线因素以及其他环境因素的影响。在各种因素的影响下，档案载体、档案材料都可能会受到一定程度的损坏，这对于档案的长久保存来讲是不利的。所以，工作人员应该了解档案保管有哪些注意事项，清楚档案受到损坏的原因，在此基础上，通过经常性的具体工作和专门的防护措施，最大限度地消除或降低不利影响因素。比如：档案入库前应去污、消毒、去酸；对不利于保管的纸质材料和字迹，应以复印或加膜等方式保护；对一些不利于档案保护的包装物应去除；重要档案可考虑副本异地保存。如果档案已经遭到损害，应立即采取抢救性措施，进行治理和保护，以防毁坏程度继续加重。

任务二：延长人事档案的寿命。人事档案保管工作不仅仅在于防止人事档案的自然损坏，还应从根本上采取更积极的措施，最大限度地延长档案的寿命，使其尽可能长久地保存下去，服务于子孙后代。

任务三：维护人事档案的安全和有序。人事档案关系到党和国家的机密及单位和个人信息的安全，切不可将档案管理工作当作收发取放的小事，一定要注意安全保密。此外，只有科学有序地保管，才能迅速查找到所需档案，减少多次取放对档案的磨损，提高利用效率。

（二）人事档案保管的范围划分

我国人事档案保管的范围是由各个单位的人事管理权限决定的，依据统一领导、分级管理、管人与管档案相一致的原则确定。具体范围划分有以下几点。

1. 在职人员人事档案的保管范围

在职人员人事档案的管理与人员管理的范围应保持一致。人事档案的正本由主管该人的组织、人事部门保管。人事档案的副本由主管或协管该人员职务的部门保管。协管部门

-115-

一般是人员所在单位或主管部门指定的有关部门。非主要协管和监管的单位不保管人事档案的正本和副本，但可根据需要保存近期重份的或摘要的登记表、履历表之类材料。如果干部在军队以及地方都有具体的职务，那么需要根据职务重要性确定保管地点，如果职务主要是关于军队的，那么干部档案应该放在部队的政治部。如果职务主要是关于地方的，那么档案应该放在地方的档案保管部门。民主党派的人员、无党派的爱国人士应该将档案放在所在区域的党委统战部门。

职工档案的规定如下四点。

（1）用人单位在招聘劳动合同期超过一年的职工时，应该保管职工的档案。除此之外，也可以由职业介绍服务中心保管用人单位的职工档案，但是，职业介绍服务中心必须受到劳动行政部门的授权。

（2）用人单位在招聘劳动合同期不超过一年的职工时，员工的职工档案可以不由单位保管，但是，用人单位应该将职工的档案放在所在区域的劳动局职业介绍服务中心保管。

（3）个体。私营企业在招聘职工之后，应该将职工档案储存在企业注册地区的劳动局职业介绍服务中心。

（4）凡与用人单位建立劳动（合同）关系的员工，不得办理个人委托存档。

2. 离、退休人员人事档案的保管范围

通常情况下，原保管部门会继续保管离职人员、退休人员的人事档案。尤其是人员离职退休之后，没有在异地安置的情况下，档案需要放在原来的单位部门保管。但是，如果离职退休之后个体的组织关系转移到了其他地区，那么需要将人事档案也同时转移到安置地区。

党中央、国务院管理的干部，中共党员的档案由中央组织部（或人事部）保管；民主党派和无党派爱国人士的档案由中央统战部保管。

3. 其他人员人事档案的保管范围

辞职、退职、自动离职、被辞退（解聘）后未就业人员，其档案由原管理单位保管；另就业的，其档案转至有关组织、人事部门或所属的人才服务中心保管。在职人员被开除公职后，其档案保管方法原则上同上述程序。

在职人员受刑事处分或劳动教养期间，其档案由原管理单位保管；刑满释放或解除劳教后，重新安排工作人员的档案由主管该人的部门或所属的人才服务中心保管。

出国不归、失踪和逃亡人员的人事档案由原管理单位保管。

人事档案管理人员及其在本单位直系亲属的档案由组织指定有关部门及专人保管。

（三）人事档案保管依托的物质条件

开展人事档案保管工作需要物质条件提供支持。具体来讲，需要的物质条件主要有：库房、包装材料、保管设备、消耗品、装具。这些物质条件为人事档案的保管提供了良好的环境，避免了档案受环境因素的侵袭。在这样的情况下，人事档案可以完整地发挥作用。

1. 库房

库房是为存储和保护档案而设计建造的建筑物，是保管人事档案最重要的物质条件。在实际工作中，因公司职能、规模和财力限制，一般不新建库房，大都利用办公用房或民用建筑改建，但在库房选址或改造上应尽量向《档案馆建筑设计规范》的要求靠拢，注意以下几个问题。

（1）库房选址应考虑三个因素：一是应注意周围环境，远离居民区、锅炉房、厨房、化验室、厕所及车辆来往频繁的马路，以隔绝火源、水源和有害气体对档案的侵袭；二是库房应保持干燥，便于通风，不应设在工厂的下风处；三是与主管人事档案工作的组织、人事部门办公用房设在一起或相邻，以便于管理和使用档案，但应有专门的库房，做到阅档场所、整理场所、办公场所分开。

（2）库房面积与保管的人事档案数量应相适应，一般每千人的人事档案库房面积不少于20平方米。

（3）库房应坚固实用，全木质结构的房屋和一般的地下室不宜做档案库房使用。

（4）改建库房应改造地面，防止潮湿；修建房顶，防止漏雨；检修电线电器，防止火灾；门窗须结实严密，封闭性良好，窗户要有窗帘和铁栅；库房内有防火、防潮、防蛀、防盗、防光、防高温的必要设施。

2. 档案装具

档案装具是指用于存放档案的柜、架、箱，它们是档案库房存贮和保护档案的基本设备。一般而言，封闭式的柜箱比敞开式的架子更有利于档案的保护；金属装具比木质的更坚固，有利于防火，但造价较高，防潮耐热不如木质装具。

档案柜是比较传统的装具，使用比较灵活，便于挪动，有利于防尘、防火、防盗。

档案架造价低，要求库房地面的承重与图书架相同，生产工艺简单，利用档案比较方便，但要求档案库房的保护条件相对较高。

活动式密集架在有效利用库房空间、坚固、密闭方面具有较好性能。平时，各架柜合为一体；调阅时，可以手动或自动分开，比常规固定架柜能节省近2/3的库房面积。安装活动式密集架要求地面承重能力须在每平方米2400kg以上，还必须考虑整个建筑物的坚固程度以及使用年限等因素。

3. 保管设备

人事档案保管设备指的是应用在人事档案保管工作当中的机械、器具、仪器等类型的技术设备。经常使用到的技术设备有空调、防火报警器、光盘刻录机、灭火器、复印机、通风设备、温度控制设备、消毒灭菌设备。

4. 包装材料

人事档案包装材料主要有档案卷盒、档案袋。它不仅是存放和保护每一个档案案卷的纸质或其他质地档案材料，减少机械磨损，防止光线、灰尘对档案侵袭的工具，又是人事档案的封面，有利于人事档案的查找和利用。

5. 消耗品

消耗品指的是在人事档案保管工作当中使用到的容易被消耗的物品，比如说吸湿剂、办公用品以及防霉防虫用品等等。

二、人事档案的利用

人事档案的利用指的是利用收集起来的人事档案材料为其他工作开展提供支持。

（一）人事档案利用的地位与意义

第一，人事档案利用是人事档案工作发展的动力。假若没有利用，人事档案工作就失去了存在的价值。人事档案以档案形成为起点，以管理为基础，以利用为目的，以产生的社会效益和经济效益为效果。人事档案工作的成效和功能直接体现在利用服务上，这是人事档案工作的出发点和归宿。所以，人事档案工作者既要做好保密工作，又要合理有效地开展利用服务。

第二，人事档案利用是衡量人事档案管理工作质量优劣的重要标尺。人事档案管理部门对档案的收集、鉴别、整理和保管等一切工作都是为了利用。人事档案之所以能够被利用，提供有价值的信息是档案工作人员辛勤劳动的成果。该成果质量的优劣可通过利用服务得到实践的检验和回答。如果人事档案外观整齐美观、数量收集齐全、内容翔实准确、目录具体清楚、材料排列有序、保存完好整洁，利用起来有案可循、方便高效，就说明日常的人事档案管理工作是高质量的。相反，如果提供的档案在查阅中应予提供的档案材料在档案中没有，就说明档案内容不完整，收集不齐全；如果材料杂乱无章或不该归入的也归了，就说明鉴别和分类工作质量不高，整理工作没有做好，档案工作还在低水平上徘徊。所以，利用不断得到信息反馈，检查发现工作中的问题，有利于总结工作，及时改进。

第三，人事档案利用是人力资源合理开发和使用的必要条件。人事档案对一个人的经历、品德、学识能力和业务水平等主要情况都有准确而全面的记载，为合理选拔和使用人才、充分发挥人才优势提供了可靠的依据，因此，正确处理好利用和保密的关系，尽量拓宽利用服务面，为人力资源的开发、配置和使用提供可靠的科学依据，有利于克服用人的盲目性和随意性，纠正用人唯亲、以权谋私等不正之风。

第四，人事档案利用是人事档案业务工作的中心环节。人事档案业务工作诸环节中，利用服务处于主导地位，是人事档案管理的中心环节，因为它直接与利用者发生关系，直接体现人事档案工作的政治性和服务性，体现整个人事档案工作的作用和成果。人事档案工作从古到今能够得以存在和发展，主要在于它的利用价值，而价值是通过利用服务来体现的。

因此，人事档案利用工作始终是人事档案业务基础建设工作中的一个重要环节，可以透视人事档案工作的全貌。收为用，整为用，管为用，人事档案的一切工作都是为了利用。没有利用工作，人事档案的作用就不能具体体现出来；没有利用工作，人事档案工作就不能生存和发展；没有利用工作，人事档案工作的质量就没有衡量标准。

（二）人事档案利用服务的范围

人事档案利用服务的范围主要是指可以向哪些组织和部门因何种工作需要利用人事档案以及可以利用什么内容。包括对内利用服务和对外利用服务两种。

1. 人事档案的对内利用服务

对内利用服务指的是单位内部的主管人员申请使用人事档案，帮助单位组织开展各项活动。对内利用服务想要使用人事档案的基本前提是工作任务的完成必须借助人事档案的支持，也就是说，只有在必须使用到人事档案的情况下才可以借助对内利用服务。

对内利用服务主要涉及以下几种服务内容：考察调研了解相关人员信息；工作人员的职务审批、职称审批、工作人员的工资待遇、福利薪酬确定；工作人员的离退休手续办理；工作人员的入党审批、入团审批、参军审批、出国审批；对工作人员的政治历史、入党时间、学历信息、学位信息、年龄信息、参加工作时间信息的审核；纪检监察部门对工作人员的违法违纪事件的处理；上班人员的工作调动；工作人员离世之后的生平撰写、悼词撰写；编史修志工作人员需要掌握相关人员的经历事实或者社会实践事实；其他涉及相对人的事项。

2. 人事档案的对外利用服务

对外利用服务指的是外部单位或者非主管单位对人事档案的利用情况。通常情况下，有以下几种状况需要使用对外利用服务：首先，相对人受到法律追究，调查部门需要了解相对人人事档案信息的情况；其次，相对人和其他人的事件有重要联系，但是相对人已经死亡，或者相对人受到病情影响不能亲自讲述事件原因的情况下，需要借助对外利用服务提供证明材料；再次，相对人和社会重大事件或者案件存在直接关联，但是相对人已经死亡或者相对人受到病情影响不能亲自讲述事件原因的情况下，需要借助对外利用服务提供证明材料；最后，相对人和史志事件或者案件存在直接关联，但是相对人已经死亡或者相对人受到病情影响不能亲自讲述事件原因的情况下，需要借助对外利用服务提供证明材料。

人事档案需要在建立之日起一直保存到相对人死亡。人事档案在保存的期限内，应该一直被放置在人事档案管理机构档案，需要封闭机密保存。所以，档案被利用的机会不多。但是，在人事制度改革之后，人事档案可以被利用的范围有所扩大。

通常情况下，利用服务范围需要和人员管理范围保持一致。如果人事管理权限保持不变，那么人事档案部门对档案的适用范围也不能发生变化，而且人事档案的使用需要内外有别。人事档案利用服务主要是提供给内部单位的，如果其他部门提交的档案利用手续符合规定，那么档案部门应该提供人事档案服务。档案部门的外部利用服务需要符合特殊情况的要求，档案部门工作人员应该根据具体情况具体分析，是否提供档案服务。例如，某人是所要撰写的革命史中的重要人物，需要了解其情况时，一般应找本人口述，人事档案不予提供利用，若确因本人已经死亡或因病不能口述时，可以提供人事档案的履历和自传部分。又如，某人要求调动工作，未征得所在单位的组织、人事部门同意，接收单位要求查阅该人档案，档案部门要按人事管理权限，征得主管人事部门同意后，方能提供利用。

（三）人事档案利用服务的形式

人事档案利用服务的方式是指档案管理机构在符合利用服务的范围内，所进行利用服务的具体形式，主要包括查阅、外借、出具证明等。

1. 查阅

查阅指的是档案利用者在人事档案管理部门查询档案资料，人事档案部门为利用者提供资料时，可以提供原件，也可以提供复印件。除此之外，还可以提供资料卡片或者其他信息。

人事档案管理部门应该设置专门的查阅场所，应该为利用者提供安静的、明亮的、宽敞的阅档室，具体的设计情况可以依据本单位的具体情况而定。与此同时，档案管理部门还应该提供桌椅设施。人事档案管理机构的阅读档案场所、档案整理场所以及工作人员办公场所应该分开，这样才有利于档案的安全保存，才有利于档案查阅。

作为人事档案提供利用的主要方式，查阅具有以下优点：查阅可以让人事工作更好地开展，查阅可以让档案在档案室之内被查阅，避免了材料的外借，有效地防止材料泄密或者材料丢失；在档案室当中查阅材料可以让档案材料以较快的速度周转，也有助于材料被更多的人使用；查阅者可以在阅读档案的时候向人事档案管理工作人员获取档案阅读帮助服务；外部工作人员使用人事档案资料的时候，档案管理人员可以对阅读行为、查阅行为进行监督。

2. 外借

外借指的是相关部门为了处理人事工作而将人事档案材料外借出来，让其发挥效用的资料服务方式。人事档案管理部门为了让某些特殊工作需求得到满足，会使用此种资料服务方式。

在具体开展工作的过程中，有以下几种情况需要使用到外借服务：上级机关为了办理组织人事工作需要人事档案的时候可以借用；上级领导、人事部门、劳动部门或者组织部门为了完成某项工作需要使用人事档案时可以借用；对相对人的政治历史问题、学历学位问题、年龄问题、党龄问题、工龄问题进行仔细了解、仔细调查时，可以借用人事档案资料；领导需要亲自查看人事档案内容或者需要对人事档案内容进行集体讨论时可以借用；入党审查、入团审查需要对人事档案查阅时，可以借用；相对人受到某件案件的影响，需要相关部门核实具体情况时可以借用；组织工作、人事工作、劳动工作提出特殊需求时，可以借用。其他特殊情况，主管领导同意借出的。

查阅或者借阅人事档案的时候，需要单位出具相关的借阅证明，并且将借阅的具体原因、档案的具体去处等内容标注清楚。

3. 出具证明

档案证明指的是人事档案管理部门做出的与档案原件内容相符的材料证明。

人事档案是相对人基本情况、德能勤绩各方面表现及经历的原始记录，是组织上为了解、培养和使用人员建立起来的，具有专指性、动态性特征。人事档案反映一个人的情况是通过全部档案材料综合反映的，不能仅靠其中某一份或某一条材料为依据。为此，人事档案管理部门一般不利用档案原件开具证明材料，证明他人他事。

人事档案部门和公证机关不同，它不能代替公证机关行使公证机关的职权，档案部门提供的证明只能证明档案当中存在相关事实的记载，不能直接给出任何的问题结论或者附加结论。档案工作人员不能对档案材料做出任何主观解释，如果档案人员发现不同的信息之间存在矛盾，那么，应该将所有的信息内容全部纳入到档案当中，这样档案利用者就可以针对相关材料展开具体的事实分析。

第八章　科技档案的管理

第一节　科技档案的收集工作

一、科技档案收集工作的意义

科技档案的收集工作，是指档案业务部门按照一定的原则和方法将科技档案集中保存的一项工作。科技档案的收集工作按收集工作的层次划分，主要有两方面的内容：基层档案机构采取一定的原则与方法收集科技部门移交的科技文件；科技档案馆采取一定的原则与方法收集基层档案部门移交的科技档案。这两个层次的收集工作在主体与对象上是有区别的。

科技档案收集工作的意义体现在以下方面。

第一，执行科技档案工作基本原则的重要体现。科技档案工作基本原则的核心是集中统一管理，要求对科技档案实体进行集中统一管理。基层档案室、科技专业档案馆通过收集对本单位、本系统重要科技档案实行相对集中保管，是执行基本原则最重要的举措。如果没有这两个层次的集中，对科技档案的集中统一管理就是一句空话。换言之，能否认真做好科技档案收集工作，是关系到科技档案工作基本原则能否得到落实的重要体现。

第二，开展科技档案业务工作的基础。收集工作是科技档案业务工作的起点，对整个科技档案工作具有基础性意义，科技档案的整理、鉴定、保管、利用工作无一不以科技档案为工作对象。

第三，标志事物属性变化。收集工作不仅表示收集对象存放场所的改变，而且标志其属性的变化。基层档案室的收集标志着文件属性的变化，由现行科技生产活动的依据转变为科技生产活动的历史记录，科技文件材料由现行性转到历史性。科技专业档案馆的收集标志着档案属性的变化，由单位所有变为社会财富。收集对象属性的变化对科技档案的管理观念、工作方法、工作性质将带来一系列影响。文件具有档案的属性，就要求按档案的管理方法、原则对其进行管理。归档接收或进馆接收不单是个时间概念，就文件或档案的运动过程而言，是事物不同运动阶段的分水岭的一个显著标志。

第四，维护国家和企事业单位利益的需要。科技档案收集工作的意义远非如此。一方面，科技档案是反映国家与社会历史面貌的一个缩影，保存档案实际上就是保存历史，就是保存国家文化遗产，是维护国家与社会历史面貌的需要。例如，人们无法想象一个国家没有档案。它们构成了最基本、最广泛的国家财产。因此，可以说它们是国家的衍生物。另一方面，科技档案中有大量涉及国家、企事业单位利益的内容，对有关档案通过收集实行统一保存，也是维护国家和企事业单位利益的需要。如果有关科技档案散存在部门或个人手中，那么它们的保密与利用都会处于失控状态。

二、基层科技档案的收集工作

科技档案收集工作的内容、方式和原则，基层档案部门收集工作的任务就是把对本单位有保存或继续使用价值的有关档案收集齐全。具体收集方法主要有以下几种。

（一）按归档制度规定接收归档

按归档制度规定接收科技业务部门移交的科技文件是基层档案部门收集工作的最基本方法，也是丰富库藏的最主要途径。

接收对象：一项科技生产活动结束后形成的全套文件；科技生产活动发生中断，已形成的具有保存价值的文件；协作单位应移交的科技文件等。接收归档具有明显的定向特征与时间特征。

1. 定向、定内容接收归档

一个单位的科技生产活动一般总是按部门或分专业进行的，由此决定了不同部门或不同专业会形成不同类型的科技文件，从而形成了科技文件归档接收的定向、定内容的特征。

与外单位进行的协作项目，若本单位是主持单位，即有向协作单位收集的任务。在基建项目中，总承包单位有向分包单位收集的任务。

2. 抓住关键阶段或环节接收归档

接收归档时应抓住科技对象的关键阶段或环节进行。

(1) 机械产品档案

一个典型机械产品生产的全过程包括市场调研、设计、研制、样机鉴定、定型或批量生产等几个阶段，若采取项目结束后一次归档，应抓住产品定型或批量生产阶段，若对形成的科技文件采取分阶段归档，应抓住样机鉴定、定型或批量生产这两个阶段。

样机鉴定阶段收集的重要性在于，在此之前形成的设计文件不定型，在试制过程中修改较为频繁，样机出来后产品设计文件基本稳定；而进行样机鉴定的必要条件之一是要有完整、准确、系统的设计文件，这是进行样机鉴定不可缺少的依据性条件。科技业务部门为了进行样机鉴定，自然会准备若干套完整、准确的设计文件供专家审阅，因而样机鉴定阶段往往构成了机械产品文件收集的关键阶段之一。即使在该阶段不对设计文件归档，档案部门也应提前介入检查有关文件的积累状况。

产品由样机设计到定型或批量生产，会有一批工艺文件产生并定型，如工艺方案、工艺规程、专用工艺设备设计图、原材料物资消耗表等，这是日后进行批量生产的依据。设计文件与工艺文件是机械产品档案的主体，这两个阶段自然也就构成了机械产品档案收集工作的关键阶段。

(2) 基建档案

建设单位保存的基建档案是以竣工图为主体的一套科技档案，又称工程建设档案。一项基建活动往往要经过立项、设计、施工与竣工验收四个阶段，对前面两个阶段形成的文件可采取随时归档的收集方法，如项目的依据性文件、管理性文件等。由于基建档案的主体部分竣工图要在工程全部结束后才能完全形成，因此工程验收阶段就成了基建档案收集的关键阶段。包括施工文件、竣工文件的工程建设档案，施工单位都应在此阶段向建设单位一次性移交。为了能切实抓住这一关键阶段，一是要督促施工单位对竣工图的编制要与工程项目同步进行，及时做好每一项工程的竣工图；二是应在工程验收前对竣工档案进行验收，若发现不符合要求之处，要及早采取补救措施，待竣工档案完整、准确后方可进行工程验收。如果没有上述措施,抓住工程竣工,验收阶段也只能是一句空话。

(3) 科研档案

科研档案接收的关键阶段是课题鉴定验收阶段。在该阶段科研文件基本齐全、定型,且成果鉴定的必要条件是要有完整、准确的科研文件。成果鉴定后将成套科研文件归档,是收集科研档案的最佳时机。

(二) 采用多种结合方式收集

归档接收是基层档案部门收集科技档案的基本方法,为了保证库藏科技档案的完整性,还应同时采取多种适合的方式进行收集。

1. 档案部门与计划管理部门相结合

为掌握收集工作的主动权,档案部门应当与计划管理部门实现有机结合。例如某设计单位每年初计划部门将新一年度的工程设计项目一览表印发给档案部门,表中记录有项目名称、承接单位等内容。档案部门据此表可以了解本单位在这年中所接项目的数量与分布,到年底据此检查项目的归档情况。相反,假如没有这个一览表,档案部门的收集工作就会处于盲目、被动地位。档案部门就不能了解厂内科技生产活动动态、主动采取措施强化收集工作。档案部门与计划部门相结合,实际上是把科技档案工作纳入企业生产管理系统的一种体现。

2. 接收归档与现场收集相结合

现场收集是指档案人员深入现场、车间、科室进行的收集工作,如对归档接收中发现不完整的文件,或需要深入现场收集的文件。接收归档与现场收集都应重视,在档案工作基础不好的单位,或对重大项目文件的收集,现场收集显得尤为重要。

3. 定期收集与随时收集相结合

定期收集主要是指按年度收集或项目结束后的收集;随时收集是指包括单位机构撤并、企业整顿、保密检查、人员调动等情况下的随时收集,发现须归档文件随时随地收集。

4. 无偿收集与有偿收集相结合

无偿收集主要是对本单位科技业务部门形成的科技文件收集;有偿收集是指对本单位职工非职务发明,或对散存社会上的有关重要档案的征购、征集。

5. 内部收集与外部收集相结合。

为维护科技档案的完整性，向外单位进行收集是必要的。例如由于各种原因本单位工程项目的基建档案不完整，可以向原设计单位复印蓝图替代不完整的施工图；为设备维修的需要，向设备的生产厂家复印有关图纸。又例如企业供应商档案、客户档案、市场售档案等，在市场竞争的环境下，这些档案信息对企业也是至关重要的。

6. 正常收集与特殊收集相结合

有的科技人员受利益的驱动，或担心成果被人无偿利用，对有的关键材料不愿归档或私自"留一手"。这种情况下仅靠常规收集方法是难以奏效的，有必要采取特殊的收集方法。例如有的企业采取密封归档的方法，当封闭或开启有关案卷时须有关领导、科技人员在场；有的企业制定相关责任制度，对核心档案采取特殊收集与管理办法，以消除科技人员的后顾之忧。

由于科技生产活动的多样性及各单位实际情况的不同，各单位大都有一套符合本单位情况的收集方法，广大档案人员在这方面创造了十分丰富的经验。

三、专业档案馆的收集工作

专业档案馆的设立是档案工作管理体制的重要内容，它在整个科技档案工作中具有举足轻重的作用，随着档案馆馆藏的丰富终将会显示出其在历史研究与现实利用中的主体地位。

（一）进馆范围及其确定的原则

按馆藏内容划分，科技专业档案馆目前主要有部门档案馆、专门档案馆两大类型。由于功能的不同，它们在进馆范围上是有所区别的。

1. 部门档案馆

部门档案馆指专业主管机关设立的档案馆，它可以是中央级的，也可以是地方级的。鉴于科技专业活动的多样性，不同的部门档案馆的具体进馆对象是截然不同的，但在总体上可以由以下原则确定进馆范围。

(1) 专业原则

部门档案馆是本专业系统永久保存档案的基地，是面向社会提供专业科技信息的中心；"有关档案与资料"是指能够反映本专业发展历史面貌与进程的专业科技档案与科技资料。在进馆范围上既不包括部门在行使国家行政管理职能活动中形成的党政领导和行政管理方面的档案，也不包括与本专业关系不密切的设备、基建等科技档案。

(2) 价值原则

部门档案馆主要是保存对国家与社会有保存价值的专业科技档案，在满足部门档案馆性质与任务的前提下，主要是保存有长久保存价值的档案，并非所有与专业有关的科技档案都要进馆。其衡量的依据是专业档案在历史研究与现实利用中的价值。由此，在确定进馆范围时，要做到三点。一是不能完全以技术水平的高低来评判，凡对专业各个发展阶段上有代表性的科技档案，不管技术水平的高低都要进馆。二是要避免馆藏重复，选择与专业密切相关的或有代表性的产品、设备、基建档案进馆。三是进馆对象应是对国家和社会有长久保存价值的档案。

(3) 分级保存原则。部门档案馆的保管对象是"本部门及其直属单位"的有关科技档案，在中央级、地方级档案馆及直属单位档案部门间应有合理的分工。中央级部门档案馆主要是保存本部门及中央直属单位的有关科技档案；地方级部门档案馆主要是保存本部门及直属单位的科技档案；直属企事业单位保存本单位形成的全部科技档案。由于用途的不同，它们三者的保存对象在档案的价值与内容构成上应有所区别。一般而言，越是基层单位，其科技档案的成套性构成越全面；档案机构级别越高的档案，其保存价值越大。

2. 城建档案馆

档案馆分为各级国家档案馆、部门档案馆、企事业单位档案馆三类，城建档案馆属专门档案馆，划归"各级国家档案馆"序列。大中城市设置城市基本建设档案馆，收集管理有关城市规划、建设的档案及城市货理方面的具有永久保存价值的档案或档案复制件及有关资料。城建档案馆的进馆范围与部门档案馆的进馆范围有一定的共性，它在内容上都属科技档案的范畴，确定进馆范围时可考虑下述原则。

(1) 坚持满足城市可持续发展的原则

城建档案是城市范围内在城市规划、建设和管理活动中形成的有关城市面貌、建筑物、地上地下管线、城市管理等活动的历史记录。在内容构成上包括城市规划档案、城市建设档案和城市管理档案，在来源上有来自城建系统与非城建系统之分。从满足城市可持续发展角度看，不管来自何系统的有关城市规划、建设、管理的重要历史记录均属进馆范围。

城市规划档案是城建档案的主体。城市规划包括总体规划与详细规则。总体规划包括城市性质、发展规模、城市建设标准、建设用地布局、功能分区、综合交通体系等规划；详细规划包括建设用地、水、煤、电、通信、道路等规划。

城市建设档案是城建档案的重要内容，城市建设包括城市主体建设、基础设施（市政工程、公用事业、环境保护、园林绿化等）、附属工程（住房、教育、商业、文化等），这些项目形成的竣工图是城市建设档案的核心。

城市管理档案是对城市规划、组织、协调和监督管理活动形成的档案，如房地产管理档案。这些档案也是城市持续发展不可缺少的依据。

(2) 坚持价值原则

从城市持续发展角度看，有关城市勘探、规划、设计是最重要的内容，但正是这部分档案进馆较难，目前它们的大部分都还保存在原形成单位。城市建设档案的进馆情况相对较好。实际上，城市建设活动中形成的档案并非都要进馆，进馆对象主要包括：一是对全市具有重要政治、经济、军事或纪念意义的工程建设档案，例如银行、机场、火车站、电台、通信指挥、大型配电站、电厂、煤气厂等工程项目的竣工档案；二是地上地下管线与地下建筑，例如供水、排水、电缆、电力、工业运输管道、地铁、人防等工程建设档案；三是工程建设档案应以竣工图为主，不必是全套基建档案；四是在城市建设与改造中反映城市风貌、历史面貌变迁的声像档案。总之，城市建设档案中进馆对象应是对国家和社会有永久保存价值的那部分城建档案。

(3) 坚持分级管理的原则

城建档案馆、主管单位、建设单位三者在保存档案的重要程度与内容构成上应有区别。城建档案馆主要是保存有全市意义的，具有整体性、综合性的档案或复制件；专业主管机关主要是保存本系统的需要长久保存的重要档案；建设单位则保存本单位形成的全部科技档案。不适当划分它们之间的区别，往往会造成不必要的浪费，并对档案管理产生不利的影响。

(4) 坚持综合原则

包括部门档案馆在内，有关技术资料亦应列入科技档案馆的进馆范围，否则科技专业档案馆不足以形成科技信息的储备中心和利用中心。城建档案馆馆藏实际上是以科技档案为主体包括城市管理、城建资料等内容的档案综合体。

（二）进馆制度

第一，凡属于档案馆档案接收范围内的机关单位，必须以全宗为单位进行整理，应收集能反映本机关单位工作职能活动和基本历史面貌，对本机关单位工作、国家建设和历史研究有利用价值，需要永久和长期保存的各门类和载体的文件材料，系统整理归档。

第二，保管的档案达到保管期限或因特殊情况须提前进馆时，保管单位应向档案局提出移交进馆申请，并向档案馆提供移交清册，详细填具移交档案的门类、数量。

第三，为保证进馆档案质量，档案馆接收管理部门对提出申请单位拟移交进馆档案整理质量进行初步检查验收，对不符合进馆要求档案提出整改意见。移交单位对存在的问题进行整改，待验收合格后，办理移交手续。

第二节 科技档案的整理工作

整理工作是科技档案管理工作的重要业务内容。只有经过系统整理和科学编目，才能使收集起来的科技档案处于有序状态，便于保管和利用。

一、科技档案整理工作的内容、原则及做法

（一）科技档案整理工作的内容

概括地讲，科技档案整理工作的内容就是由档案部门所收集来的科技档案，按照其形成规律和特点，进行科学分类、系统排列及编目的工作。从一个科技项目的文件材料形成

和运动的全过程来说，它的整理工作是通过两项工作过程来完成的。

第一个过程，在科技文件形成以后和归档以前，由科技业务部门，即科技文件的形成者，在科技档案部门的协助、指导下所进行的整理工作。其主要内容是对文件材料进行鉴别，将文件材料组成案卷，并对案卷进行基本的编目工作。

第二个过程，是在科技文件材料归档以后，由档案部门独立进行的整理工作（已不同于第一个过程中的整理工作）。其主要内容包括：对收进的科技档案案卷进行科学分类、排列和编制科技档案号等工作。

科技档案的整理工作，包括系统整理和科学编目两部分。这两部分是紧密联系、不可分割的两项工作内容。不进行整理，案卷仍然是不系统的，也无法进行编目；只进行整理而不进行编目，整理的成果得不到固定，就无法建立库藏的秩序和进行检索调卷。

系统整理包括对案卷的分类和排列，以真实反映科技、生产活动的历史面貌，保持其有机联系为原则。科学编目包括编档号、编目录，用以固定案卷分类、排列的整理成果，揭示各类案卷内的文件内容和构成。

（二）科技档案整理工作的原则

整理工作的原则是：遵循科技档案的形成规律，保持其间的有机联系，便于科技档案的保管、保密和利用。

整理工作实际上是对整理对象分门别类的工作。任何科技生产活动都有自身的发展规律，作为反映科技生产活动规律的科技档案，其具有自然性、成套性、动态性等形成规律。因此，在整理科技档案工作中遵循这些形成规律，实际上就是遵循科技生产活动的规律，我们不可能脱离科技生产活动本身而单纯地去研究科技档案形成规律。

科技档案间的有机联系是自然的，也是多方面的，它与科技文件之间的有机联系具有一定的共性，究其实质仍表现为客观事物的内在联系。客观事物有机联系主要表现在以下方面。

1. 客体对象的联系

表现为科技对象自身组成部分之间的联系，例如机械产品组件、部件与零件间的有机联系。

2. 工作程序的联系

表现为科技生产活动的阶段性。如一项基建工程的工作程序一般有立项、设计、施工与竣工验收阶段，它们之间具有必然的有机联系。

3. 专业的联系

表现为科技对象整体内专业间的联系。科技生产活动大多是分专业组织实施的，例如施工图设计中分总体、结构、通风、通信等专业，这些科技活动表现为密切的专业联系。

4. 事物性质的联系

表现为按事物的属性对其进行归类。同类事物间具有一定共性，例如工程项目按使用性质进行分类时，某一类项目具有共同的属性。

5. 时空的联系

表现为事物发展过程中的时空联系。科技生产活动总是在一定空间与时间范围内发生、发展的，如自然现象观察、生产工艺过程中的时间与空间的联系。

6. 来源的联系

来源指同一科技生产活动，或科技文件的形成单位，来源的联系表现为科技文件都来自同一形成者或同一活动。

总之，由于事物的相互联系是客观的、多元的，相应科技档案间的有机联系也是客观的、多元的。科技档案整理工作要求保持档案间的有机联系，我们不可能保持整理对象的所有的有机联系，而且也没有必要，这就要求我们认真研究整理对象内在有机联系的各种表现，从中找出最紧密的有机联系。

科技档案整理工作的直接目的是将科技档案条理化，最终目的是便于科技档案的保管、保密和利用。因此整理工作在遵循科技档案形成规律、保持有机联系的前提下，还要考虑保管和保密的需要，以实现有效利用这一最终目的。

上面分析了整理工作的原则，但问题是在实际工作中如何实现这一原则。实践中总结出以下做法可供参考，其中有些内容在科技文件整理工作中已有所涉及，在此做总结性概括。

（三）科技档案整理工作的做法

1. 不同种类的科技档案要分开整理

这里不同种类，是指科技档案的基本大类，共 16 类。由于不同种类科技档案的产生领域与内容构成不同，他们各自的具体形成规律与有机联系的表现不同，分开整理便于遵循各自的形成规律和保持其间的有机联系。

2. 大类内以套为整理分类的基本单元

成套性是科技档案的重要形成规律，它在科技档案的整理、保管、利用工作中具有明显的规定与制约作用。按套整理能使科技档案外部界限清楚，内部联系紧密，充分体现出科技档案的形成规律。

3. 成套不同文件分开整理

套内不同阶段、专业或来源等形成的科技文件应分开整理，以体现一套档案内科技文件间的有机联系。当要表现为阶段联系时，就按阶段分开整理；当要表现为专业联系时，就按专业分开整理。实际上就相应确定了卷内文件有机联系的范围与特征。

4. 卷内文件与案卷的排列

体现出客观事物发展的过程与连贯性。案内文件的排列顺序体现了卷内文件的有机联系；案卷的排列顺序反映套内案卷的有机联系，案卷的排列顺序一般可按科技生产活动的程序或来源等方法进行。

5. 不同载体、不同密级、不同保管期限的文件应分别组卷

这一做法主要是为了保管、保密和利用的需要。例如同一套档案内的纸质文件与声像文件由于保管方法与要求的不同，可以分别组卷；套内的密级较高的文件可以单独组卷。

对整理对象按预先编制的分类方案进行统一分类、编号和排架。在开始整理工作之前，应根据本单位科技生产活动的范围编制科技档案分类方案，对档案实行综合管理的单位应有综合分类方案。对案卷进行分类后通过编号、排架，固定整理工作成果，实体整理工作才大体告一段落。

二、科技档案的分类

科技档案的分类就是根据科技档案的内容性质、特点和相互联系，把一个立档单位内部科技档案划分成一定的类别，从而使全部科技档案形成一个具有一定从属关系和平行关系的不同等级的系统。对科技档案的科学分类，是管理科技档案的必要手段，是科技档案整理工作的核心内容。

（一）分类的要求

对科技档案的分类与对其他事物的分类一样，首先，应遵循形式逻辑分类的一般规则，其次，应从客观事物的自身特点出发。

1. 科技档案的分类应符合本单位或本系统的科技生产活动的实际

不同单位或专业系统对于科技生产活动的对象与范围的不同，相应形成的科技档案的种类、内容构成也不同。基层单位科技档案的分类是对库藏科技档案的分类，专业系统内对科技档案的分类是对本系统所形成科技档案的分类。因此在对科技档案进行分类时应有的放矢，必须结合本单位或本系统科技生产活动的实际进行。

2. 对同一上位类的划分，坚持用同一分类标准

对同一上位类的划分，坚持用同一分类标准，全面的说法应是"在同一单位或专业系统内，对同一种科技档案的同一层次划分，要采用同一分类标准"。

分类也是归类。根据事物的同和异把事物集合成类的过程。标准是衡量事物的准则。按此解释，分类标准可理解为衡量事物同异并集合成类的准则。

在分类要求中提出"同一单位或专业系统内"的要求，是为了限定"同一种科技档案的同一层次划分要用同一分类标准"的适用范围，在不同单位或专业系统内对同一科技档案的同一分类层次划分不一定要用"同一"分类标准。

分类要求中提出"同一种科技档案"的要求，是说明对单位内不同类科技档案的同一分类层次的划分可以采取不同的分类标准。

分类要求中提出"同一层次划分"的要求，是指对同一种科技档案同一层次划分而言的，同一种科技档案的不同层次的划分可以采取不同的分类标准。分类要求中提出"用同一分类标准"的要求，是对同一层次划分而言的。

3. 分类应按逻辑规则从总体到局部，逐级进行

分类不能跳跃，应遵循从整体到局部按级进行。分类层次不宜过多或过少。层次太少则类目不清，对分类难以起到指导作用；层次太多则档号书写过长，不便记忆。具体划分几个层次，主要根据本单位科技生产活动的实际，要与档案的内容构成相适应，一般以3~4层为宜。

4. 在一个专业系统内，各单位应按本专业系统的分类大纲进行

专业系统内的有关单位，按专业系统编制的科技档案分类大纲进行统一分类，有利于实现分类的标准化。在专业系统内如果各单位都能按统一大纲进行分类，还能为将来建立地区性或全国性专业信息检索中心提供有利条件，否则各单位各行其是，难以实现信息资源共享。

（二）科技档案分类的基本方法

基层档案部门对科技档案的分类，应该在分类方案的指导下分两步进行。

第一步，对库藏的全部档案，按种类划分大类。将全部科技档案划分为产品档案类、基建档案类、科研档案类、设备档案类等。这是分类方案上的第一层分类。

对于基层单位来说，其科技档案大类的多少，取决于这个单位科技档案种类的多少。

第二步，对每种科技档案进行分类。

1. 工程项目分类法

在特定分类对象范围内，以工程项目为划分科技档案类别的基本单元对于广泛适用于对基建档案类、施工档案类、工程设计档案类的分类。该分类方法的特点是按工程项目集中档案，不打破项目的界限，能充分体现分类对象按工程项目成套的特征。

2. 型号分类法

在特定分类对象范围内，以型号为划分科技档案类别的基本单元，它广泛适用于产品档案类和设备档案类的分类。该分类方法的特点是按型号集中档案，能充分体现分类对象按型号成套的特征。

3. 课题分类法

在特定分类对象范围内，以课题为划分科技档案类的基本方法，它广泛适合对科研档

案类的分类。该方法的特点是按课题集中档案，不打破课题的界限，能充分体现科研档案类按课题成套性的特征。

4. 专业分类法

按科技档案内容的专业性质来划分其类别的方法，它广泛适用于标准化、通用化程度较高的行业对专业科技档案的分类，或按专业分工的单位对专业科技档案的分类，如建筑设计、工艺装备设计等活动中形成的科技档案。工程项目施工图设计一般是按专业分工进行的，查找利用档案也具有专业性特征。按专业分类有利于对专业性较强的科技档案的整理与利用。

5. 地域分类法

按科技档案的内容所反映的地域特征来划分其类别的方法，它广泛适合于地质档案类、水文档案类、气象档案类、地震档案类、测绘档案类、环境保护档案类、农业科技档案类等具有明显地域性特征档案的分类。该方法特点是按地域集中档案，对反映某一地域的科技档案按形成的地域特征相对集中，便于对有明显地域性特征的科技档案的整理与利用。

6. 时间分类法

按科技档案的形成时间或其内容反映的时间来划分其类别的方法，它广泛适合于气象、天文、水文等自然现象观察记录档案或具有明显时间性特征档案的分类。该方法特点是按时序将某一时间内形成的档案相对集中，既便于按时间特征查找利用档案，又能反映出客观事物发展变化的规律。

上述六种基本分类方法的共性是，对科技档案的分类遵循了科技生产活动的规律。我们研究科技档案的分类，不能仅从档案自身出发，应当以相应科技生产活动的特点与规律为分类依据。上述工程项目分类法、型号分类法、课题分类法中曾多次提出了按套整理的问题，体现了以套为分类的基本单元的思想，而科技档案的成套性正是由科技生产活动的特点所决定的。因此讲到科技档案分类的基本方法，归根结底是由相应科技生产活动的特点与规律决定的，通过对科技对象的分类来决定相应科技档案的归属。

如果说科技档案分类的基本方法不限于对科技对象大类内的划分，从广义上讲科技档案分类的基本方法还应包括科技档案种类的划分，以及按科技档案外部特征对科技档案的划分，如按载体形式分为纸质档案、声像档案、电子档案，底图与蓝图等。

（三）科技档案分类方法的实际应用

对于科技档案的基本分类方法，在实际应用时，可以根据具体情况，采用基本的分类方法，并结合其他特征进行分类。按照科技档案的主要种类分别介绍如下。

1. 产品档案的分类

产品档案的种类繁多，包括机械产品档案、轻纺产品档案、电器产品档案等等。其最基本的分类方法是按照产品型号进行分类即型号分类法。此外还有其他一些具体分类方法，如十进分类法等。

（1）型号分类法

是以一个型号产品的科技档案作为分类单元，对产品档案进行具体的类别划分。产品档案之所以适宜型号进行分类是因为型号本身就是分类结果和分类的体现。所谓产品型号，是表示产品的品种性能、规格、技术参数和结构特征的代号。因此，按照型号对产品档案进行分类，实际上就是按照产品的品种、形式和使用性等特征，对产品档案进行的科学分类。

（2）十进分类法

同前述型号分类法不同，十进分类法突破产品档案的型号、成套界限及产品内部的隶属关系，把产品件、零件的科技档案，按其特征、结构或用途，以十进制的方法划分类别。

十进分类法的特点有两个：第一，打破产品型号界限，不考虑产品组成部分之间的隶属关系；第二，突破企业之间的界限，按事先规定好的十进制分类表，实行同行业统一分类，因此，按专业实现了产品档案分类标准化。

十进分类法，目前多运用于产品零部件通用性比较强的电器、仪表等产品。

2. 基建档案的分类

（1）按性质划分

当按性质为分类标准对工程项目进行分类时，分类范围不同，所分的类目名称亦不相同。

（2）按流域（地域）划分

一般适合大型水利规划设计，或工程项目具有明显地域特征的基建档案的分类。

3. 科研档案分类

科研档案适用于按照课题法进行分类。由于科技研究活动一般都是在专业范围内分课题进行的，而且许多科技研究单位的科室机构设置也是按照专业划分的，所以科研档案较常采用的具体分类方法是：专业－课题分类法。

4. 设备档案的分类

设备档案分类的基本方法是按型号分类，同样，在具体分类时还需要与其他分类方法结合使用。

对设备档案的分类，如同对产品档案的分类一样，实际上是对产品或设备自身的分类，即先对设备进行分类，再由此确定相应设备档案的归属。常用的分类方法有以下几种。

（1）性质－型号分类法

性质－型号分类法适用范围较广，先对设备档案按使用性质分类，分类层次视设备的具体情况决定；分类中先用"使用性质"为分类标准进行划分，再按型号进行分类。

分类方案中有三个层次的分类用十进制分类。普遍推广该分类方法有利于实现分类的标准化。

应用使用性质对设备进行分类时，当使用设备情况不太复杂时，根据企业使用设备情况的不同，可以自行分类。

（2）来源－型号分类法

对设备先按来源分，再按型号进行分类。例如将设备按来源分为进口设备、国产设备与自制设备。

（3）使用单位－型号分类法

使用单位可以是车间或分厂，先按使用单位对设备进行分类。例如，某化工厂先按生产车间分为洗衣粉车间、肥皂车间、清洁剂车间；每一车间内再按设备型号进行分类。

（4）工序－型号分类法

上面三种分类方法一般适用对单体设备的分类，对生产工艺或工序连续性较强的流水作业设备。

三、科技档案案卷的排列与排架方法

科技档案案卷排列是科技档案实体整理工作的最后一道程序，科技档案的分类、编号工作最终以案卷排列予以固定方告一段落。下面就排列要求与方法做介绍。

科技档案排列的基本要求是，排列方法应与整理分类的顺序相一致。科技档案实体分类与编号的直接目的是解决案卷的排列问题，因此科技档案的排列顺序理所当然地应按分类方案的顺序进行。科技档案的排列与排架方法有密切关系，按照科技档案号的编制方法，相应有两种排架方法。

（一）分类排架法

科技档案案卷的排架完全按分类方案的顺序进行。这种排架方法是使用最为普遍的方法。其优点是：科技档案类别清楚，按类分别排列；每一大类内按套集中，以套为排架的基本单元；套内案卷按档号中的案卷顺序号顺序排列。不足之处是：在相应属类后须留一定的空格，否则会增大"倒架"劳动。

（二）流水排架法

流水排架法分为大流水排架法与分类流水排架法。

大流水排架法，完全按案卷入库先后顺序排架，案卷只编制大流水号。这种排架法局限性较大，一般不宜采用。如果是采用大流水排架法，应以目录的分类代替档案实体的分类，即案卷排架时不分类，但在管理中应对案卷目录进行重新分类，用目录的成套性管理代替实体的成套性管理，否则很难实现科技档案的科学管理与有效利用。

分类流水排架法，先对科技档案进行大类的划分，在每一大类内按入库顺序流水排架。这种方法的优点是：与分类排架法相比较，每一属类后的柜架上无须留空位，大类内按项目入库时间顺序依序排列；与大流水排架法相比较，类目较为清楚，不打破项目档案的成套性。采用这种排架方法时，应按套建立分类目录，当一套档案不是同时入库时，在目录中应体现出成套的内容构成。

四、科技档案检索工具的编制

科技档案检索工具，是指揭示科技档案的内容与外形特征，指引索取和组织科技档案传递交流的工具。其基本功能是：存储科技档案信息指引索取科技档案；组织传递交流科技档案信息。

（一）总目录

科技档案总目录，是以保管单位（案卷）为著录对象，著录项目组成的条目按照归档时间先后顺序进行排列的一种目录。在用途上它主要起库藏管理作用。

一般情况下，科技档案在库房里往往按分类整理顺序排架管理，这时总目录只是库藏数量增减情况的登记账簿，如果科技档案在库房里是按照归档时间先后顺序排架管理的，那么它既是库藏管理的目录，同时也能起到辅助检索的作用。

（二）分类目录

科技档案分类目录，是以保管单位为著录对象，著录项目组成的条目按科技档案实体分类整理的顺序进行排列的一种目录。在用途上它主要是一种库藏目录，又是一种检索工具。如果科技档案在库房里是按照分类整理顺序排架管理的，这时分类目录不仅起到库藏管理和分类统计作用，同时也是按分类整理次序索取科技档案的检索工具；如果科技档案在库房里是按照归档时间的先后顺序排架管理的，这时分类目录必须著录总登记号或流水排架管理号，主要是作为按分类整理次序索取科技档案的一种检索工具，也是进行分类统计的依据。

（三）专题目录

科技档案专题目录，是根据专门的需要，按照一定专题揭示科技档案内容和外形特征的一种目录，利用它可以索取某一专门问题的科技档案。

专题目录编制的步骤和方法大致有如下几点。

1. 选题

选题要根据实际工作对本专题科技档案利用的需要，要考虑本专题库藏科技档案的基础条件。

2. 拟订方案

拟订方案即制定专题目录和组织编制计划。方案包括的内容应当有：专题的准确名称；专题中包括哪些信息及其分类排检方法；科技销案的选择范围、所属年限等有关规定。

3. 挑选材料

在方案拟订后着手挑选符合专题题目和方案规定的选材范围要求的科技档案。

4. 填制卡片

填制卡片就是根据所选材料并按照著录规则，对各著录项目予以著录。一张卡片著录登记一个条目。

5. 系统排列

对填制好的卡片，按照方案规定的排检方法予以系统排列。卡片经过系统排列，可以存放在卡片抽屉里固定其位置，便于查找。

卡片式的专题目录，一般只能放在阅览室提供查阅使用。如果对卡片进行汇编，即制成书本式专题目录，就可以发放给有关单位部门参考，从而扩大交流范围。

第九章 大数据环境下档案管理的创新

第一节 大数据环境下的档案信息资源挖掘

一、大数据技术在档案领域的应用背景

大数据时代数据的种类和规模都空前庞大，成为一种最重要的社会资源，且亟待人们对其进行开发和利用。大数据时代深入改变了人们的生活、生产和思维方式，对社会各方面造成了巨大影响，档案信息资源在新的社会背景下也发生了巨大改变并越发显现出大数据的特征，如何对海量档案信息资源进行高效系统挖掘，从而实现深层次开发利用成为当下档案工作的中心。传统的档案信息资源挖掘工作不能满足新形势下档案信息资源的开发要求，将以云计算、语义引擎和可视化分析为代表的大数据技术应用到档案信息资源的挖掘工作中，可以为其带来巨大机遇，世界各国对于大数据技术深入推广、积极倡导，我国也出台了相关政策进行支持，为大数据技术深入应用在档案信息资源挖掘领域提供了支持。

（一）大数据技术为档案信息资源挖掘工作带来新机遇

大数据是指无法在一定时间内用传统数据库软件工具对其内容进行采集、存储、管理和分析的数据集合。因此，在大数据时代必须使用新的数据处理技术才能实现对数据资源的更好开发和利用。大数据背景下档案信息资源也具备了大数据的特征，主要体现在以下三点：一是各级档案机构所产生的档案信息资源总量日渐庞大且增长迅速；二是档案信息资源种类日趋繁杂，而且结构日渐复杂；三是档案信息资源的价值丰裕度、凝聚度很高。对具备大数据特征的海量档案信息资源进行广泛采集，深入挖掘，对档案信息资源发挥最大化效用具有不可估量的意义。

档案信息资源的挖掘工作是指对海量的档案信息资源进行采集，并对采集到的数据进

行清洗、集成、变换等处理，最后选择相应的挖掘模型，实现对档案信息资源价值的开发和提取，从大量的档案信息资源中挖掘价值、提取知识，从而实现其更为广泛和高效利用的过程。

档案信息资源的大数据化给其挖掘工作带来了很多困难，如档案信息资源的采集问题、清洗问题、价值分析问题和结果提取问题等，但是大数据技术的使用也给档案信息资源的挖掘工作带来巨大机遇，主要体现在以下三点。

1. 大数据技术可以实现档案信息资源更系统、全面的采集

大数据处理技术强调对整体数据进行分析和挖掘，以此取代传统档案信息挖掘中以抽样代替整体的方法，可以改变因为遵循传统经验思维搜集局部档案信息进行分析而造成的挖掘成果的片面性和不完整性。云存储技术手段为信息采集提供了足量的空间，为档案信息资源的系统、全面采集提供技术支持。

2. 大数据技术可以实现档案信息资源的智能获取

大数据处理技术的应用对档案信息资源在提取中更加智能，并提高挖掘的精确度和效率。基于云计算的大数据价值分析技术可以在挖掘过程中提高精确度，可视化技术则对档案信息资源进行全面直观的呈现，语义处理技术为档案信息资源的智能检索创造了条件，有利于挖掘效率的提升。

使用大数据技术对档案信息资源进行挖掘，可以弥补由于档案缺失而造成挖掘结果价值低的问题。大数据技术通过对海量档案信息资源进行处理分析，创建数据资源库，在某一部分档案信息资源存在缺失时，可以根据档案信息资源间的关联性原则对相关资源进行追踪，以补充缺失的档案信息，以保证档案信息资源挖掘结果的完整性和可靠性。

（二）国家政策引领与支持

大数据概念自提出伊始，就成为最热门的名词。大数据技术给社会带来了强烈冲击，深入影响着社会的各个领域并引发思想变革。通过对我国大数据技术发展的形势和意义进行分析，可以发现大数据成为重塑国家竞争优势的新机遇，应利用好我国的数据数量优势，努力实现数据数量、质量和数据应用水平的协同发展，注重对数据资源潜在价值的挖掘，使大数据这一战略资源的作用得到最大限度的发挥，以提升国家竞争力。

目前，我国已经认识到大数据对于国家未来发展的重要价值，并为大数据技术的发展提供思想指导和政策支持。档案信息资源是国家记忆的主要构成部分，也承担了保存国家记忆的重要使命，是未来国家战略资源最重要的组成部分之一。在国家积极倡导大数据技术应用的当下，把大数据技术与档案信息资源的挖掘工作紧密结合，构建起一个基于网络的多种类结构的、为中华民族集体记忆的、构建和传承提供文献支撑的"中国记忆"数字资源库，并使用大数据技术对大数据化档案信息资源进行深入挖掘和利用，顺应时代的要求和政策的支持方向，扩大档案信息资源的社会影响力，使档案信息资源为国家信息化进程的深入和国家竞争力的提升做出更大的贡献。

二、大数据技术在档案信息资源挖掘过程中的具体应用

大数据技术对社会生活的各个方面造成冲击，深入影响着人们生产和生活的方式。在档案信息资源的具体挖掘流程中，以云计算技术、可视化技术和语义处理技术为代表的大数据技术正在得到日渐广泛和深入的应用，并取得明显的效果。

（一）云计算在档案信息资源挖掘中的应用

1. 云计算的概念及特征

云计算是一种基于互联网的计算方式。这种方式利用分布式计算和虚拟资源管理等技术，通过网络统一组织和灵活调用，将分散的信息资源集中起来形成共享的资源池，并以动态按需和可度量的方式，向使用各种形式终端的用户提供服务。在云计算环境中，应用软件直接安装到了"云"端的服务器中，而不是用户终端上，用户仅需要通过Web浏览器登录到"云"端的管理平台就可以使用软件并得到所需服务。"云"是对计算服务模式和技术实现的形象比喻。"云"由大量基础单元——云元组成，各个云元之间由网络连接，汇聚成为庞大的资源池。

按照云计算服务提供的资源所在的层次不同，可以分为IaaS(基础设施即服务)、PaaS(平台即服务)和SaaS(软件即服务)三种服务方式；根据服务对象的不同，则可以分为面向机构内部提供服务的私有云、面向公众使用的公有云以及二者相结合的混合云等。

2. 应用必要性分析

云计算的应用必要性体现在以下几个方面。首先，可以平衡档案信息资源挖掘基础设施建设。目前，我国档案信息资源开发挖掘工作由于地区经济发展不平衡、经费投入差别大，而在基础设施建设上存在较大差别。一些发达地区在档案信息资源挖掘基础设施的建设上投入大量资金，确保了工作需求得到满足，但是有些经济欠发达地区的基础设施建设存在较大缺陷，没有足够的设施和技术对档案信息资源进行挖掘、开发。这种情况下，通过云计算的基础设施服务来统筹规划档案机构的挖掘工具、管理服务器、存储器等基础设施，通过建设营造云计算环境，向分布的档案机构提供基础设施服务支持，这样不仅可以节省档案信息资源挖掘基础设施建设的资金，还可以平衡不同经济状况地区的档案信息资源开发状况，使挖掘技术力量较弱的档案部门可以应对档案信息资源开发工作。其次，可以拓宽档案信息资源采集渠道。档案信息资源挖掘工作过程中最基础的部分是对海量档案信息资源的采集。广域的数据采集对于档案信息资源挖掘成果的系统性、全面性至关重要。通过云计算构建"档案云"平台，实现档案信息资源共享，对各档案机构、企事业单位的档案信息资源进行统筹规划，合理、存储、调动、分配，消除以往的档案信息资源"孤岛"，将其融合为一个档案信息资源的"海洋"。

云计算存储空间大、计算能力强、安全性高，现在通过云计算实现数据共享的技术条件已经成熟，并在档案信息资源管理领域有所应用，随着档案信息资源的大数据特征进一步明显，云计算必将在档案信息资源的挖掘和开发领域发挥越发重要的作用。

（二）可视化技术在档案信息资源挖掘中的应用

1. 应用必要性分析

大数据背景下档案信息资源种类、结构更加复杂，数量也更巨大，在档案信息资源挖掘过程中，需要对诸多海量的、多元化的、结构复杂的档案信息资源进行直观认知，使档案信息资源的管理者和使用者可以清晰洞察档案信息资源背后所隐藏的信息，并将这些信息转化为可以对自身生产生活发挥实际作用的知识。对档案信息资源的挖掘必须对原始资源有清晰、直观的认识，随着档案信息资源总量的增大，这一过程越发困难。对于档案信息资源的开发者和挖掘者而言，海量的档案信息如同一个巨大的黑洞，必须对这些资源进行逐一认识、排查、发掘隐藏价值，当原始挖掘对象的总量很大时，还需要对原始信息资源进行检索，在传统的档案信息资源检索条件下为了浏览所有结果，用户只能不断翻页。

在档案信息资源的挖掘过程中引入可视化技术，把档案信息资源及其内部不可见的语义关系以图形的形式直观地呈现，同时在使用计算机对档案信息资源进行处理时更加注重人机交互的过程，能更加系统、高效地对档案信息资源进行发掘，并准确提取其潜在价值，使之发挥更重要的社会效用。

2. 具体应用过程

信息可视化，就是使用计算机技术，使复杂的数据信息以交互的、可视化的形式体现出来，以增加人们对其认知程度。可视化技术的主要研究重点在于它倾向于对复杂的数据信息进行综合分析，将其转化为易于理解的可视化图形，通过图形来以最直观的视觉方式展现数据中隐含的信息和规律。人类从外界获取的信息80%来自视觉系统，因而可视化的主要任务在于建立起符合大家普遍认知的、易于理解的心理印象。信息的可视化技术已经发展多年，现在越发成为人们分析抽象、复杂数据的重要工具之一。

在档案信息资源挖掘领域，信息可视化技术也可以发挥类似的效力。首先，构建一个完整的档案信息资源数据集，即档案信息资源可视化界面，对该数据集中的档案信息资源有全面的认识。其次，对目标所在的相关档案信息资源领域进行放大并剔除不需要的档案信息。之后结合用户的具体需要向用户展示具体细节，通过用户的具体操作和实践过程探索在档案信息资源可视化分析中使用者的行为，以此对可视化系统的实现提供指导，注重档案信息资源之间的关联性和系统性，向用户展示档案信息资源数据项之间的相关性。

档案信息资源的可视化描述是实现其高效、准确挖掘的前提。这一过程主要内容是构建反映档案信息资源具体内容的图符、多维度空间描述图、特征库、知识组织体系和相应的数据压缩格式组成。对于档案信息资源，尤其是以文本形式存在的文书类档案信息资源，可以根据这些档案形成的时间先后将其进行图形化显示，将它们的特性以图形的形式进行表示。当前可应用于档案信息资源挖掘工作中的文本信息可视化技术有很多种，如标签云技术，将原始档案信息资源的原始属性根据词频规则总结出规律，并按照这样的规律对其进行排列，用大小、颜色、字体等图形属性对原始档案信息资源的关键属性进行可视化表述。除此之外，还有图符标志法，这种可视化方法可以把专业的、复杂的档案信息资源以十分直观和易于理解的形式向挖掘者和使用者进行展示。档案信息资源挖掘过程中通过可视化技术了解挖掘对象的属性和关联性，对采集的海量数据进行去噪处理，有利于管理者和使用者更清晰地认识这些信息资源，从而实现档案信息资源的准确高效提取。

（三）语义处理技术在档案信息资源挖掘中的应用

1. 应用必要性分析

在大数据背景下，档案信息资源的总量呈现出急剧增长的态势，且其结构形态也表现出越发复杂的特点，多媒体类档案占据了越来越大的比重。在此背景下使用人工方法对档案信息资源进行采集、开发和利用的难度越来越大。语义处理技术在大数据挖掘的过程中为机器提供了可以理解数据的能力，使用自然语言处理技术对原始档案信息资源进行处理，构建数字化档案信息资源跨媒体的语义检索框架，为深入挖掘档案信息资源提供技术支持，可以在语义理解的基础上提高档案信息资源挖掘算法的语义化程度和性能，最终实现对海量、繁杂档案信息资源的快速挖掘、智能提取，提升挖掘质量和挖掘效率。

2. 具体应用过程

语义处理技术的主要作用是对原始的档案信息资源进行自然语言处理，以便机器更好地"理解"使用者的目的和需求，从而实现档案信息资源更为精确的提取。自然语言处理是基于计算机科学和语言学，利用计算机算法对人类自然语言进行分析的技术，属于人工智能领域的一个重要方法。自然语言处理的关键技术包括对自然语言的词法进行分析、对语言含义进行分析、对语句语法和内容进行分析，以及语音识别技术和文本生成技术等。在档案信息资源挖掘的过程中，这些技术可以使计算机对原始档案信息资源有深入的理解和认识，使计算机"理解"这些自然语言。有利于档案信息资源挖掘者系统地掌握档案信息资源的内容概要，对档案信息资源进行内容检测，依照关键词义、语义对档案信息资源进行系统分类整理，对原始信息进行深入挖掘检索、质量检测，还可以实现自然语言所表达内容信息不同形态之间的转换，有利于档案信息资源的丰富拓展及清晰表述，对档案信息资源挖掘效率的提升意义重大，同时也为智能检索技术的应用奠定基础。

自然语言处理技术主要包括两大类，即机器翻译技术和语义理解技术。机器翻译技术，即使用计算机实现对自然语言内容的认识和提取,并将其以文本或其他形式输出,把一种类型的自然语言翻译成另一种类型。语义理解技术则强调把检索工具和语言学进行有机结合,通过对关键词专用检索工具的开发,以及对原始信息的前文扫描,弄清其词义、句意之间的相互关联,从而实现检索工具在语义层次上对检索目标词汇的理解。在自然语言处理技术中会用到汉语分词技术、短语识别技术、同义词处理技术等,对原始语言信息进行系统区分、鉴定和提取。

总的来说,在档案信息资源挖掘过程中,语义检索的主要应用技术方法有两种:语义分析法和分词技术。前者目的在于在资源挖掘中对检索关键词进行语义分析,对关键词进行拆分,并查找拆分后关键词的关联,以及搜索与关键词含义存在关联的其他关键词,最终实现对查询者目的的解读,搜索出最符合使用者要求的结果;而分词技术则是在档案使用者对档案信息资源进行查询时,将其查询词条按照相应标准进行划分,然后按照对应匹配方法把划分后的字串符进行处理,实现对目标资源提取的一种技术。

第二节　大数据环境下的档案信息服务创新

当前,我们处于信息技术快速发展的大数据时代,我们在享受着大数据时代给我们带来便利的同时,也不同程度地承受着各种困扰。这种情况在档案信息服务利用领域亦是如此,各种新型信息传播技术的应用给原有的档案信息服务方式带来了前所未有的冲击,但是它们也给档案信息服务模式的创新带来了发展机遇。

一、大数据时代档案信息服务研究现状

到目前为止,档案学界尚未形成一个统一的概念,但存在着这样一个潜在的共识,大数据作为结构化数据、半结构化数据与非结构化数据的总和,不是对数据量大小的定量描述。它是一种在种类繁多、数量庞大的多样数据中进行的快速信息获取。大数据共有四个特点:一是数据量大,大数据的数据数量从 TB 级上升到 PB 级,乃至会上升至 ZB 级;二是类型繁多,大数据的数据来源种类繁多,数据形式也是多种多样,包含文本、图像、视

频、网络日志、地理位置信息、用户行为信息等；三是速度快，大数据的一个重要特点就是增长速度快，有较强的时效性，很容易被其他的数据信息所替代，因此传统的数据管理模式已经无法满足快速的现代数据信息的管理分析需要，一般会采取实时分析和分布式处理方式来管理数据信息；四是数据价值具有稀疏性且相关度不高，数据量虽然庞大且蕴含着巨大的价值，但是单个数据的个体价值很小，只有将所有相关的数据进行综合整理分析之后，才可以发挥巨大的潜在价值，从而对结果进行较为准确的预测。

二、大数据时代档案信息服务模式现状及挑战

随着科学信息技术的迅速发展，人类也从信息时代跨入大数据时代。相比较传统信息环境，在大数据时代，档案用户的信息需求与档案工作者的服务模式都发生了前所未有的变化，给原有的档案信息服务模式带来了巨大的冲击。而任何新事物都是一把双刃剑，大数据在给档案信息服务带来挑战的同时，也带来了前所未有的发展机遇。目前，档案信息服务模式主要有两种：一是传统实体档案服务模式；二是现代网站档案服务模式。大数据时代的来临为这两种服务模式带来不一样的冲击。

（一）当前档案信息服务模式

当前档案信息服务模式大致可分为以实体档案为单位的传统实体档案服务模式和以网站为平台的现代网站档案信息服务模式。以实体档案为单位的传统实体档案服务模式是中国自产生档案服务机构以来自实践活动中逐渐产生的，并形成了一套具体完善的档案信息服务理论。以网站为平台的现代档案信息服务模式是伴随着网络的产生而产生的，主要是指电子档案的服务利用模式。目前电子档案服务理论还不够完善，并且存在一些实践问题。虽然如此，提供电子档案信息服务已然成为世界先进的档案信息服务模式，在中国提供电子档案利用服务也逐渐成为一大趋势，并逐渐向主流方向发展。

1. 传统实体档案服务模式

传统实体档案服务模式指以往的档案信息服务机构工作人员就实体档案，对其进行收集、整理、鉴定、保管、统计等，进而为档案需求者提供利用服务。同时该档案信息提供服务方式主要有：阅览服务、出借服务、复制供应、咨询服务、交流服务、档案证明和档

案展览等。这些服务理论和服务方式是在前人的实践基础上积累和总结起来的，是人类智慧的结晶。随着社会的发展及先进科学设备的引进，传统档案信息服务方式受到一定的影响，但在以纸质档案为主体的中国，以实体档案为单位的传统实体档案服务模式仍占据着主要位置。同时，先进技术的引进也加快和推动了传统档案服务模式的工作进程。

2. 现代网络档案信息服务模式

顾名思义，现代网络档案信息服务模式是档案服务机构利用计算机网络为档案信息利用者提供档案信息服务的一种服务模式。以网络为平台的现代档案信息服务模式是档案服务机构顺应时代潮流而提供档案服务利用的一种先进服务模式，该模式极大地提高了档案信息服务质量和服务效率，同时该服务模式也拓宽了档案信息服务范围，为档案服务事业的进一步发展创造新的条件。无论是数字档案馆的网络服务，还是现代档案网站提供的档案信息，主要有馆藏档案资源介绍、档案咨询、档案政务、档案展览、档案推送等档案信息，并且大部分省、市都开通了档案网站，这项举措大大提高了档案信息服务效率。现代网络档案信息服务模式主要为利用者提供电子档案信息服务，虽然较为简捷方便，但电子档案的安全性和准确性在大数据时代也面临着极大的挑战。

虽然这两种档案信息服务模式分别能够对实体档案和电子档案提供利用，并且取得良好的效果，但是在大数据时代，这两种模式也存在着一些问题。对于传统实体档案服务模式而言，服务理论、服务手段和服务设备等亟须跟着时代的进步而发生改变，以适应现代化的需求。对于现代网站档案信息服务模式而言，该模式还未形成较为完善的服务理论，仍然处于初级阶段，这需要档案服务工作人员的继续努力促进其快速发展。总而言之，这两种模式既有优点又有缺点，这需要档案工作者继续为档案服务事业努力。

（二）大数据背景下档案信息服务面临的挑战

无论是传统实体档案服务模式，还是现代网站档案信息服务模式，在大数据时代，尤其是电子档案数据信息的快速增长，给以往的档案信息服务模式带来了很大的冲击。数据信息的快速增长及繁多的种类，给档案信息服务带来的挑战主要有以下四个方面，下面进行逐一分析。

1. 如何查询所需要的档案信息

随着档案信息化建设的发展，在对档案信息进行查询时，往往所需要查找的档案信息会淹没在大量的不必要的档案信息数据中，特别是对电子档案的查找，而且检索性能急剧下降。同时，依靠人工查询有用的信息，在传统纸质档案时代是可行的。但在大数据时代，在纷杂的档案信息中查找有价值、值得挖掘的信息是很困难的，这是一件心有余而力不足的事情，这给档案信息服务的初步实现带来很大的问题。因此，如何在大量复杂的档案信息中快速而准确地查找到利用者所需的档案信息是档案服务工作人员要解决的首要问题。无论是用传统实体档案服务模式查询信息，还是用现代网站档案信息服务模式查询信息，大数据为其带来了严峻的挑战。

2. 如何改变原有的服务理念和方式

档案信息服务理念和方式具有间隔性和稳定性，服务理念和方式一旦形成就很难再改变。档案信息服务理念和方式的产生是顺应当今时代的发展要求的，在相当长的一段时间内是稳定的。同时，随着时代的发展和改变，档案信息服务理念和方式也会随之改变，这就造成了档案信息服务理念和方式的稳定性和阶段性。大数据时代是一个全新的时代，它对各个社会生产领域都产生了各式各样的影响，包括档案界信息服务理念和方式。不管在传统实体档案服务模式上，还是在现代网络档案信息服务模式上。因此，最基本的理论观念性问题都应该得到应有的重视，才能够在主观因素上提高档案信息服务水平和工作效率。如何在原有的档案信息服务理念和服务方式的基础上加入大数据时代的元素来顺应社会的发展和群众的需要是一个重要问题，亟待解决。

3. 如何加强基础服务设施建设

在大数据时代，档案信息服务机构基本上都引进了大量电子设备以提高工作质量和服务效率。传统的档案信息服务机构的服务设备面临着淘汰的风险。因为大数据时代的档案信息数量繁多、来源复杂、种类多样，其储存要求远远超过以往的档案信息排架及承受能力，它急需档案信息服务机构进行基础设施建设来满足其保存和管理要求，从而提供个性化、人性化服务。加强档案服务基础设施建设是提高服务水平和服务效率的物质条件和客观条件，这一点应该得到社会的重视。

4. 如何培养高素质档案信息服务人才

当今国际实力的竞争与其说是科学技术的竞争，倒不如说是国家人才的竞争。人才决定国家的综合实力，档案界亦是如此。若想提高档案信息服务质量，要考虑的首要问题就是如何提高档案工作服务人员的专业素养及综合素质。大数据时代的档案工作人员不仅要掌握最基本的档案管理及服务知识，还要学习数据分析、数据挖掘等各种计算机知识。只有掌握了这些知识，一名档案工作人员才能更好地分析数据，然后做出准确的预测以提高档案信息服务水平。这点要求是对于从事档案行业工作人员的最基本要求。在当今的档案信息服务部门，尤其是对缺乏数据管理的人才部门来说更要注意好这个问题。

三、档案信息服务创新研究的主要内容

大数据给档案信息服务模式带来了冲击，未来档案服务机构的核心竞争力很大程度上取决于其信息服务的能力，这就要求档案服务机构就服务方式进行创新。大数据时代是信息的时代，不仅包括繁多的数据，也包括各种数据平台，如Web2.0、微博、微信等。下面我们就数据平台对档案信息服务创新的方式谈一下自己的认识。

（一）基于云计算的档案信息服务

在云计算背景下，构建数字档案馆是受"服务型数字档案馆"的启发而提出的。之所以构建数字档案馆是因为数字档案馆能够使档案云服务平台应用起来，并且使其系统能够得到有效运营和维护，最大限度地实现档案信息云服务，满足档案信息用户的各种需求。基于云计算构建数字档案馆提供档案信息云服务已经是当前档案信息服务模式的一大趋势。

基于云计算构建数字档案馆主要是对全国的数字档案信息资源进行统一管理，为档案信息服务工作者提供便捷的服务平台。当我们在改善原有的数字档案馆服务模式及创建新的服务模式时，数字档案馆云服务系统模型包括以下五个部分：数字档案信息资源、档案云服务基础、档案云服务控制、档案云服务应用、用户终端设备。

1. 数字档案信息资源

基于云计算的数字档案馆可以将多个实体档案馆、机关档案室、数字档案馆等的档案

信息资源进行组合，形成一个云档案共享网络。这个方式能够很好地提高数字档案信息资源的利用率，更加全面地满足利用者的利用需求。随着机密性档案的不断公开降密，越来越多的档案信息展现在世人面前，供利用者查阅，档案信息的利用范围也越来越广。因此，为满足利用者的信息需求，数字档案馆需要不断收集实体档案馆的档案信息资源来充实档案云服务资源库。

2. 档案云服务基础

档案云服务基础是实现数字档案馆云服务的基础部分。该部分主要包括服务器、交换器、虚拟机、操作系统等，是实现数字档案馆云服务的硬件要求，为数字档案云服务提供操作平台。云计算中的应用程序只是在互联网上运行，不需要在本地计算机安装，避免了用户的安装、维护等麻烦。但是，我们可以肯定档案云服务在数字档案馆服务中占有基础性地位。

3. 档案云服务控制

档案云服务控制是数字档案馆云服务实现的核心部分，包括数据管理、用户管理、员工管理、系统管理、系统维护等。该部分主要是对档案资源、服务器、虚拟机、交换器、操作系统等设备进行管理和控制，保证该系统的正常运行，为档案云服务的应用打下基础。

4. 档案云服务应用

档案云服务应用是数字档案馆云服务实现的重要环节。该部分主要包括档案的收集、整理、利用、保存、借阅、统计等众多档案基础管理性工作。正是因为档案云服务的应用，才能将数字档案信息资源与用户连接起来形成档案云服务网络，简化档案用户的借阅程序和档案工作者的工作内容。

5. 用户终端设备

用户终端设备主要是为档案用户提供进入数字档案馆云服务平台的端口服务，这可以是任何一种移动终端，如电脑、iPad和手机等。任何档案馆、档案室，以及其他档案管理机构和个人等都可以不受限制地访问任何数字档案馆中的档案信息资源，以满足自身的信息需求。

基于云计算构建数字档案馆创新性云服务在理论上没有太多的问题，但在技术上和生活实践中却存在着很多困难,这需要档案工作者要有勇气、有目标、有毅力地对原有的档案信息服务模式进行革新。随着云计算技术在档案信息服务方面的影响不断扩大,越来越多的人力、物力和财力被投入档案信息服务当中去,未来的档案信息服务模式将会焕然一新。

(二)基于Web2.0平台构建档案信息服务互动系统

若想在Web2.0背景下对档案信息服务模式进行创新,档案信息服务机构必须做好档案服务机构与用户之间的交流。我们认为,要想创新必须有创新的思维、清晰的思路。在思路创新的基础上,我们将其运用到档案信息服务机构,创立基于Web2.0的档案信息服务互动系统。该系统在借鉴NARA的基础上结合本机构的服务特点进行创建,主要包括以下三大板块:用户板块、档案信息服务人员板块和咨询板块。

1. 用户板块

用户板块主要包括用户管理和用户认证两个部分。用户管理部分主要是负责存储和管理用户相关信息,通过用户认证后就可以获得其个性化的档案信息服务。例如,检索相关档案资源,与档案工作者交流,用户向档案机构推荐相关信息资源等。用户认证部分则是档案服务机构对档案用户的权限设置,只有通过认证的用户才可以使用系统内的信息资源。

2. 档案信息服务人员板块

档案信息服务人员板块主要包括信息发布、资源简介、交流方式(QQ、博客、微信)等。信息发布主要是本档案机构发布给员工的内部工作信息,如值班日期、工作模式、管理规定等内部服务性和管理性文件。资源简介部分主要是利用RSS技术将本机构的档案信息发送给利用者,并且将文字、图片或视频档案结合使用来引起用户的兴趣QQ、博客、微信。等。内部交流方式则是档案机构提供给员工进行信息交流、发表心得体会的重要方式。

3. 咨询板块

咨询板块是用户与档案工作人员进行沟通的地方。用户通过咨询板块进行信息咨询,并利用QQ、微信、博客进行信息留言与档案工作人员保持密切联系。信息服务人员也可利用该板块为用户答疑来提高服务质量。

档案信息服务互动系统是一个全方位的档案信息交流平台，该平台由档案服务机构自发研制并采用Web2.0技术，满足利用者的多样化需求。它是一个功能强大的档案服务互动平台，简化了档案职员的本职任务，显著提高了工作质量和水平。此外，Web2.0技术在档案服务中的应用将使服务质量更加个性化和人性化，从而提高并增强档案部门的核心竞争力。

（三）基于微信的档案信息服务

借助微信可以快速方便地发送文字、图片、声音、视频等。用户可以通过关注微信公众号了解想要知道的信息。如今许多档案馆、档案室、立档单位等档案服务机构基本上都开通了微信公众号，为广大微信用户提供档案信息服务。这项举措无疑是在原有档案信息服务方式基础上进行的服务创新。

档案服务机构创建各自的微信公众号，构建档案信息服务平台，这个平台大致可以包括以下几个方面。

1. 档案推送

档案工作者必须利用微信向微信用户发布并且推荐一些档案信息资料，无论是文字信息、图片还是视频等，确保微信利用者能够看到自己感兴趣的档案资料，以提高档案信息的公开度和利用率。"这些档案资料不仅要包括国家机关档案、社会组织档案、企业档案、个人档案等，还要包括本馆特色的档案信息。"同时，档案工作者也可以利用该微信公众号发布一些最新的馆藏信息，如档案馆开放信息、讲座信息、展览信息等。总而言之，档案推送这一板块主要是全面展示本馆馆藏信息与最新信息的。

2. 档案查询

档案查询主要是对用户提供查档服务，根据主题、关键词及责任者等为用户提供相关的档案信息。服务范围包括档案馆藏资源目录体系、档案使用方法，并在帮助用户的过程中不断总结用户需求，有组织、有计划地组织好档案信息资源、档案资料等。同时，档案服务机构也要逐步改善技术水平，创建档案服务系统，提高档案信息服务的查全率与查准率。档案服务机构也要逐渐完善和丰富档案内容，无论是文字、图片还是视频，要一应俱全，为用户提供丰富的档案资料以供参考和查询。

3. 档案咨询

档案咨询是档案服务机构与用户相连接的中心纽带。微信作为新兴的信息交流媒体具有优秀的SNS属性，人与人之间可以进行实时交流、互动和资源共享。用户通过微信能够直接和档案服务人员进行交流，一对一的交流使得双方的理解更为顺畅，也能逐步建立起档案服务人员与用户之间的情感桥梁。通过档案咨询，档案服务人员会正确地认识到工作中都有哪些不足需要改正，提高服务效率；而用户则可以通过在线咨询完整地得到档案服务人员的答复，对档案工作的理解将会更加深刻，确保档案服务人员工作的顺利开展。

我们认为以上三点是任何一个档案微信信息服务平台都必须具备的。其他的附加功能则是根据各自档案服务机构的服务方式、服务内容、服务范围等所决定，不用做太多具体的要求。各自的档案信息服务机构应有各自的服务特色，不能千篇一律。

总之，档案信息服务历来是伴随着档案发展的历史全过程，从分散服务到系统服务，逐渐完善成为一个服务体系。"从古至今，档案工作实现着从重藏到重用，从为一小部分人服务到面向社会服务的重大转变。"随着社会的发展，这个转变正在逐渐进行，从纵向层面讲，档案信息资源至今还没有完全开发出来；从横向层面讲，档案服务机构至今还未建立起较为完善的档案信息服务模式及体系。因此，研究档案信息服务相关内容应该发展成为档案发展事业要务之一。

在大数据时代的背景下，将档案信息服务置于Web2.0环境、云计算环境和各种交流APP相结合，研究档案信息服务应将如何创新开展。在Web2.0环境下，我们通过构建档案信息服务互动系统来改变原有的服务方式；在云计算环境下，我们可以通过构建数字档案馆形势下的创新性云服务来提高档案信息服务效率；在微信背景下，我们可以利用微信及其他手机APP便捷地推广档案信息服务范围。虽然目前在理论研究层面和实践探索层面已经取得了一定的成果经验，但是我们在对档案信息服务方式进行创新研究的同时还要注意以下三个方面的问题：一是要提高档案工作人员的服务意识，紧随时代步伐，重视研究、宣传和利用网络技术优化档案信息服务；二是要深化微信平台内容、功能和资源等方面的开发与研究；三是要借鉴其他领域的成功经验，注重理论研究与实践经验相结合。

参考文献

[1] 赵旭.档案信息化建设的理论与实践研究[M].北京：科学技术文献出版社.2021.

[2] 郭海玲，史海燕，徐杰.新媒体环境下的信息服务[M].北京：科学出版社.2021.

[3] 鲁艳丽.社会保险档案信息化工作实务[M].北京：中国劳动社会保障出版社.2021.

[4] 朱学芳.图博档数字化服务融合理论方法技术与实证[M].南京：南京大学出版社.2021.

[5] 朱兰.档案管理理论研究与实践应用[M].北京：中国农业科学技术出版社.2020.

[6] 史彩慧.高校档案管理艺术与实践[M].长春：吉林美术出版社.2020.

[7] 张兆红.大数据时代档案管理策略探索[M].长春：吉林美术出版社.2020.

[8] 金波.档案多媒体编研研究[M].上海：上海世界图书出版公司.2020.

[9] 张蓉.现代管理科学方法在档案工作中的应用实践[M].南昌：江西科学技术出版社.2019.

[10] 刘思洋，赵子叶.文书管理学与档案管理[M].长春：吉林科学技术出版社.2019.

[11] 李晓婷.人事档案管理实务[M].2版.上海：复旦大学出版社.2019.

[12] 金虹.干部人事档案管理实务[M].杭州：浙江工商大学出版社.2019.

[13] 黄兆红.信息时代下的高校档案管理[M].延吉：延边大学出版社.2019.

[14] 杨阳.高校档案管理信息化建设[M].长春：吉林文史出版社.2019.

[15] 许秀.高校档案管理与信息化建设研究[M].哈尔滨：哈尔滨工业大学出版社.2019.

[16] 陈一红.我国高校档案管理工作创新研究[M].天津：天津人民出版社.2019.

[17] 刘祎.档案管理[M].长春：吉林人民出版社.2018.

[18] 高海涛，李艳，宋夏南.档案管理与资源开发利用[M].北京：北京日报出版社.2018.

[19] 毛雯.档案管理工作研究[M].北京：中国原子能出版社.2018.

[20] 潘潇璇.档案管理理论研究[M].延吉:延边大学出版社.2018.

[21] 胡燕,王芹,徐继铭.文书档案管理基础[M].北京:世界图书出版公司.2018.

[22] 张鑫.现代档案管理实例分析[M].北京:科学技术文献出版社.2018.

[23] 王世吉,唐宁,周雷.现代档案管理理论与实践[M].延吉:延边大学出版社.2018.

[24] 赵旭.档案管理现状的研究与分析[M].天津:天津科学技术出版社.2018.